新教师职业发展丛书

XINJIAOSHI
ZHIYE FAZHAN
CONGSHU

走出教育教学误区

本书编写组◎编
石柠 代滢◎编著

ZOUCHU JIAOYU
JIAOXUE WUQU

高素质的教师不仅应该是有知识、有学问的人，而且还必须是有道德、有理想、有专业追求的人，不仅是高起点的人，而且是终身学习、不断超越自我的人；不仅是专业学科领域的专家，而且是教育科学的专家。

世界图书出版公司
广州·北京·上海·西安

图书在版编目（CIP）数据

走出教育教学误区／《走出教育教学误区》编写组
编 . — 广州：广东世界图书出版公司，2010.4（2024.2 重印）
ISBN 978 - 7 - 5100 - 1956 - 2

Ⅰ. ①走… Ⅱ. ①走… Ⅲ. ①中小学 - 教学研究
Ⅳ. ①G632.0

中国版本图书馆 CIP 数据核字（2010）第 050063 号

书　　　名　走出教育教学误区
　　　　　　ZOU CHU JIAO YU JIAO XUE WU QU
编　　　者　《走出教育教学误区》编写会
责任编辑　韩海霞
装帧设计　三棵树设计工作组
出版发行　世界图书出版有限公司　世界图书出版广东有限公司
地　　　址　广州市海珠区新港西路大江冲 25 号
邮　　　编　510300
电　　　话　020-84452179
网　　　址　http://www.gdst.com.cn
邮　　　箱　wpc_gdst@163.com
经　　　销　新华书店
印　　　刷　唐山富达印务有限公司
开　　　本　787mm×1092mm　1/16
印　　　张　13
字　　　数　160 千字
版　　　次　2010 年 4 月第 1 版　2024 年 2 月第 4 次印刷
国际书号　ISBN　978-7-5100-1956-2
定　　　价　59.80 元

"光辉书房新知文库"

总策划/总主编:石 恢

副总主编:王利群 方 圆

本书作者

石 柠 代 滢

序：教师职业发展的终生要求

20 世纪 60 年代中期以来，许多国家对教师"量"的急需逐渐被提高教师"质"的需求所代替，对教师素质的关注达到了前所未有的程度。进入本世纪以后，教师专业化已经成为世界性的潮流。高质量的教师不仅被要求是有知识、有学问的人，而且还必须是有道德、有理想、有专业追求的人；不仅是高起点的人，而且是终身学习、不断自我更新的人；不仅是专业学科领域的专家，而且是教育科学的专家。

教师这个职业尽管非常普通，但却又具有非常特殊的意义。

首先，教师这个职业所面临的对象，是活生生的人，而不是无生命的物质，是正在成长中的儿童青少年。教师的职责就在于，把未成年人培养成为社会所需要的、有鲜明个性的人才。虽然以人为工作对象的职业很多，比如医生、律师等，但他们服务的时间很短，服务内容也很有限。可是教师不一样，他的工作对象众多，服务时间相对较长，服务内容广泛、全面。

其次，教师以自身作为教育手段来实施教育。教师自己的知识、经验、人格、素养，就是对学生进行教育的材料，更是教育学生的手段，离开了教师这一最生动的教育手段，其他的手段，即便再先进，其教育的效果也要大打折扣。古往今来，对教师这一职业都具有双重的要求，即"教书育人"。孔子十分重视师德修养，他说："其身正，不令而行。其身不正，虽令不从""不能正其身，如何正人?"随着社会的发展，教师不仅要"传道、授业、解惑"，而且要"身正垂范"。教师的言传身教对学生的学习、品德和行为的发展起着重要的作用。换句话说，教师是学生最直接的学习与生活的模范和榜样。一个优秀的教师往往是学生崇拜和模仿的对象，他的思想、品行、情感、意志力、人格特征对学生会产生潜移默化的影响，甚至直接影响学生将来的发展。

再次，教师担任学生保健医生的角色。目前，素质教育要求全面提高学生的思想道德、文化科学、劳动技能和身体心理素质，促进学生全面健康地发展。而在学生的整体素质中，心理素质本身占有重要的地位，心理素质的好坏影响着其他素质的发展和提高。因此，教师作为教育活动的组织者和实施者，还担负着学生心理健康教育的重任。

最后，教师是一个需要终身发展的职业。随着社会的发展，特别是科学技术与信息技术的迅猛发展，教师职业将处于不断变化和发展之中，那种一旦成为教师就可以一劳永逸的思想与时代的发展越来越不相吻合，教师职业已经成为终身发展的过程，社会的发展需要教师不断地自我更新知识。教育家吕型伟曾说过："教育是事业，事业的意义在于献身；教育是科学，科学的价值在于求真；教育是艺术，艺术的生命在于创新"。他的这番话道出了教师职业终身发展过程的本质。

总之，教师要合格地履行自己的专业角色，就必须具备良好的专业品质和素养，关注自己的职业发展。抓住机遇，迎接挑战，是每一位教师必须面对的重要问题!

本丛书编委会

Contents 目 录

引　言　1

第一章　与新课程理念形似而神非　4

第一节　追求开放式教学,淡化教学任务　5

第二节　过于重视课前设计　12

第三节　小组合作学习,流于形式　18

第四节　"自主学习"等于学生自己学习　26

第五节　忽视教师主导作用,片面追求自主探究　33

第二章　课堂教学走入歧途　49

第一节　多媒体教学独霸课堂　49

第二节　把"听懂"当"学会"　59

第三节　"拖堂"是为了学生　63

第四节　讲课时不许学生"插嘴"　71

第五节　滥用课堂评价　77

第三章　师爱无度　85

第一节　极力崇尚"赏识教育"　85

第二节　对优等生过度表扬　93

第三节　"严"师一定出高徒　99

第四节　有了爱,就有了教育　107

第四章　**家校合作走入误区**　120

第一节　家长会变成"训话会"　121

第二节　向家长"告状"　127

第三节　家访时只走访后进生家庭　132

第四节　一有问题就"请家长"　138

第五章　**思想工作简单化**　144

第一节　对待早恋,围追堵截　144

第二节　对待"小偷小摸",方法"小儿科"　152

第三节　批评不分场合　158

第四节　滥用"感恩教育"　164

第六章　**班级管理走入误区**　171

第一节　按学生成绩编排座位　172

第二节　民主管理就是放权给学生　177

第三节　科任教师告状,班主任便指责学生　183

第四节　不发生事故就是安全无事　189

第五节　法制教育方法过于简单　195

引 言

随着课改的深入，人们欣喜地看到教师的观念在逐渐地转变，学生的主体地位也在慢慢凸现。越来越多的教师参与到新一轮的课改中，他们与时俱进，在追求高层次的课堂教学上，大胆改革，不断创新，逐渐形成了各自的教学特色，特别是在打破传统的教学框架上做出了许多成绩，在素质教育的土壤中孕育吐苗，拔节成长。新课堂理念倡导的"自主、合作、探究"理论也都纷纷走进课堂。这无疑给目前的教学改革注入新的活力，改变了以往一味追求分数，学生死读书、读死书的现象。

然而，在这纷繁的教改大潮中，面对层出不穷的先进教育理念，教师如果不加消化地机械运用，不彻底地荡涤旧观念，催发新思潮，不正确地理解其内涵，那么就可能走入误区。

曾有一位辍学的学生留给他的老师这样一段话："可敬的老师，请原谅我的不辞而别。我知道您爱我们这些学生爱得很深，

可是，我们全班同学都恨您，您为我们的学习付出了多么沉重的代价，我们理解，但不能原谅您。因为您在牺牲家庭、牺牲自己的同时，也牺牲了我们。在您废寝忘食的教育下，我们没有了节假日，没有了星期天，没有了看电视、欣赏音乐的时间，同时也没有了感情、没有了个性，没有了思想。我们只是在您手下被操纵的机器，如果读书和牺牲是不可分的，那么我们宁可不读书。"相信作为教师看完这样一段话，都会感到震惊。我们每天辛苦地为学生操劳，而学生领情吗？我们在一味按照自己的"好心"办学生心目中的"坏事"。

那么，教育究竟意味着什么呢？显然，对学生来说，教育是学生学会生存、学会生活、懂得生命的指引者；对家长来说，教育是千千万万个家庭的希望；对国家来说，教育关系着一个国家、一个民族的前途。新课改背景下，我们的教育教学效果并不理想，究其原因就在于有些教师的在教育教学过程中都不同程度地走入了一些误区，因此，作为在战斗第一线的教师应该认识到，在新教改背景下，我们只有两个选择：不是在歧途和误区中徘徊、陶醉；就是在歧途和误区中醒悟、转轨。显然，我们应该选择后者。

我们面对滚滚而至的教改大潮，面对层出不穷的先进教育理念，既不能瞻前顾后裹足不前，亦不可不加消化机械运用。任何教改的主张和措施的出现，都必须进行深入地理性思考和检验，提炼实质精髓。每一位教师在这"乱花渐欲迷人眼"的教改大潮中，都要学会去伪存真、吸取精髓，成为"新课标、新理念"旗帜下的一名"新"的教育工作者。

本书就是从教育教学这一环节入手，指出了目前教育工作者在教育教学过程中存在的误区，并结合具体的教学实践，指出了相应的对策。希望本书能给在误区中徘徊的教师们一些启发。让我们一起探索出一条符合素质教育要求的教育教学之路。

第一章　与新课程理念形似而神非

　　随着新课程改革的逐步深入，新的教学方式、学习方式给沉寂多年的基础教育带来了革命性的变革，大有让人应接不暇之势。尊重学生的个性，培养学生的创新思维，倡导自主、合作、交流、探究的学习方式等新理念是符合时代要求的，这无可置疑。可是课改的新理念与教师的教学行为之间总存在着一段距离，以致课堂上出现了许多"不正常，不正规"的形式主义现象。也有的教师对新课程标准理解和体悟的层面不同，教学实践中各种问题也应运而生，很多教师都走进了这样或那样的课堂误区。

第一节　追求开放式教学，淡化教学任务

　　我们常常见到这样的场景：课堂上，老师提出一个问题，学生的回答有时灵气四溢，有时成竹在胸。而此时，老师却只作简单的肯定或否定，或频频点头，或模棱两可，或闭口不言，也不作任何讲解、评价和示范……而学生也云里雾里，不辨是非。这样，对学生运用知识理解、判断、分析起着很大的误导作用，最后必然导致学生无所适从。直到练习巩固时才发现大部分学生并未掌握新知识。

　　也有些老师为了显示课堂的开放性教学，让学生对问题各抒己见，老师自己则站在一旁，一言不发，成了旁观者。为了"民主"，为了"探究"，学生们一个又一个地站起来讨论，公说公有理，婆说婆有理。一直到下课铃响，老师才走上讲台，夸奖发言的同学说："你们的见解都有道理，都很深刻"，就这样结束了一堂课。这堂课看起来讨论很热烈，实际上由于老师没有引导点拨，该讨论的问题设有讨论好，该明确的问题没有明确，该完成的教学任务没有完成，致使学生的讨论走进了死胡同。

上述这些现象都让开放式教学陷入一种低效状态，除此之外，开放式教学还存在以下误区：

（1）片面理解开放教学的实质。在教学活动中，有的教师片面理解了开放教学的实质，认为所谓开放就是多学科、多知识、多网络环境下的综合性学习。一时间，课堂上又是唱又是跳，又是算又是画，似乎热闹得很。但事实上，这只是开放教学的"形"而已，离其"神"还有相当的距离。

（2）教师的主导作用明显弱化。虽然新课程标准提出我们必须要实施开放式教学，强调教师要关注学生的个性差异，实施有差异的教学，使每个学生都得到充分、全面的发展，让学生有更大的学习空间和更多的思考余地。然而，当我们审视这些课时会发现，虽然学生在课堂上表现的"轰轰烈烈"、"积极主动"，可是他们却并没有获得知识。在开放式教学中，某些教师只是布置一下学习任务，到时来验收一下就可以了，至于学习的过程那是学生的事。而忽视了对学生参与学习的深度的把握，特别是忽略了对学生参与的实际可能性的分析，认为只要给学生开放的学习空间，让学生畅所欲言，这样学生就会主动的掌握知识，而忘记了教师在课堂教学中是"指导者"的身份。

（3）开放式教学的评价滞后。开放式教学为学生的知识与能力，过程与方法的体现，构建了一个不断生成、不断转换的评价平台。但从目前来看，有很多的开放式教学并无建立评价机制。评价大权依然掌握在教师的手中，学生学得好不好，教师说了算；学生学得好不好，要看答案对不对。由此我们可以看出，教师在开放式教学的评价之中仍未能从高高在上的权威上走下来，标准答案的惯性思维仍然左右着教师，从而影响着学生的学习的方式——只求结果，不问其他。在开放式的教学上，只要我们单一的结果性评价体制不发生根本性的改变，就很难从根本上改变学生固有的学习方式和方法，也就很难有真正意义上的开放式教学。

为了真正走出开放教学的误区，教师还应该明确开放性教学的内容。开放性教学的内容分为 4 个方面：知识的开放；情感的开放；活动空间的开放；评价的开放。

1. 教学内容的开放。

（1）立足教材。在课堂教学中，教材对教学的作用是不可忽视的，因为教材是一种特殊的读物，是教学用书。特别是在新课程标准指导下的教材，在内容上力求开放、富有活力，充分考虑了学生的兴趣和需要，是教师和学生学习的重要读物。因此，课堂上用好教材是首要的。

但是教师对知识的传授不应是照本宣科，甚至仅限于考试的

内容，应尽可能开阔学生的视野，拓宽知识面。首先，对教材中的实习作业和"读一读、想一想"等探索性的问题，教师应开放地引导学生去探索、思考，而不要认为这些内容不考试，就不教学，这显然与"培养学生的学习兴趣、探索精神和创新意识"相违背。

（2）跳出教材教学。教学绝不能仅仅局限在教材和课堂本身，应拓宽学生学习和运用的领域。①注重跨学科的学习，各学科教学中蕴含着丰富的材料。一般来说，语文书上的语言以文学语言居多，具体、生动，而数学、科学等学科的书面语言则概括、简练，这样的语言形式和表达风格同样也是学生需要的。因此，教师应鼓励学生在各学科大胆发言，自觉吸收、运用其中的语言。②运用现代科技手段丰富学习的内容和形式，如录音、录像、幻灯、电视、电脑，网络，利用这些大量的信息和精彩的图片，可以为我们教学提供用之不尽的资源。

2. 情感的开放。

人的任何行为都包含着丰富的情感，但是，积极的情感总是给人以良性的发展，而消极的情感阻碍人的发展水平。由此可见情感对人的重要性。而学习过程又是以人的整体的心理活动为基础的认知活动和情感活动相统一的过程。认知因素和情感因素在学习过程中是同时发生、交互作用的，它们共同组成学生学习心理的两个不同方面，从不同角度对学习活动予以影响。而以往的教育常把课堂教学看作是一种特殊的认识活动，课堂是从事这种特殊认识活动的场所。在这里，一切都为着知识而存在，教师为传授知识而存在，学生为接受知识而存在，以知识为中心，以教材为中心，以教案为中心的现状主宰了整个课堂，课堂变成了教师与学生"买卖"知识的"交易所"，从而造成教师与学生人格风貌一定程度的萎缩。新课程标准在"教学建议"中郑重提出要"重视情感、态度、价值观的正确导向"。因此，培养学生高尚的道德情操和健康的审美情趣，形成正确的价值观和积极的人生态度，已成为教学的重要内容，不应把它们当做外在的附加任务。

（1）平等对话。传统教育观一贯主张"师道尊严"，教师更是以"权威"、"主宰者"的严厉面目出现。学生只有唯唯诺诺、恪守成规才会合老师心意。要消除师生之间这条无形的心灵鸿沟，教师必须进行换位思维，进行角色转换，重新定位师生角色，构建一种新型的师生关系，即"老师＋家长＋朋友＋学生"。首先是老师，对学生传道授业，严爱有加；其次是家长，对学生要有浓浓亲情，无尽关爱；第三是朋友，与学生友好共处，打破等级观；第四是学生，教学相长，不耻下问。使师生之间产生一种强烈的情感共鸣，以便教学过程在轻松自然、和睦愉快的气氛中运行。

（2）情感参与。课堂教学不仅是学生认知发展的过程，更是学生情感发展的过程。若课堂上没有学生的情感参与，教师即使是舌干唇燥，苦口婆心，学生也只会无动于衷。教师唯有以情换情，才能使课堂教学在情感的碰撞融合中闪烁出美丽的火花，才能掀起一个又一个的教学高潮。

3. 评价的开放。

新课程标准要求评价既要关注学生知识技能的掌握，也要重视学生学习过程与方法，更要重视情感、态度、价值观的形成与发展，并用"多把尺子"评价学生，使学生的潜能都得到发展，感受到学习成功的喜悦，增强学习信心。

（1）分层评价。尊重学生个体发展的差异性和独特性的价值，针对不同的学生个体差异性和个性化特征，采用不同标准对学生的学业和成绩进行评价。对水平较高的学生用目标参照标准，对水平较低的学生用自我参照标准。看发展进步，现在与过去比，有进步、有提高就应得到好评；看学习态度，只要学生学习努力，虽然成绩不够理想也要给予高度评价。使所有学生都得到满意的评价结果，自然就鼓舞了所有学生的学习信心，也坚定了教师提高所有学生学业成绩的信念。

（2）定性评价。定性评价主要指评语的形式，在评语中客观、全面地描述学生的学习状况，更多地关注学生已经掌握了什么、获得了哪些进步、具备了什么能力、在哪些方面具有潜能，并帮助学生明确自己的不足和努力的方向。因此，教师在教学实践中可以采用定性评价的方法。比如，在学生的作业或考试卷上，除了有优、良的等级或分数外，还可以加上简短的意见或建议：一张笑脸，或"你真棒!"、"老师相信你有能力改正自己的错误"，这类激励、质疑、总结性评语。这样的评语能引起学生的注意和思考，有利于学生扬长避短，不断进步。

（3）口头评价。现代心理学表明，当学生的某种良好行为出现之后，如果能及时得到相应的认可，就会产生某种心理满足，形成愉悦的心境，并使同类行为向更高层次发展。而口头评价作为师生交流的有效方式，贯穿于课堂教学的始终，教师那些看似平常的话语，能够极大地激发学生的学习兴趣和主动参与的积极性。因此，教师口头评价应达到"实、准、巧"三个标准。具体来说，"实"要求教师的评价对学生的回答能起到切实可行的指导作用，不是华而不实的；"准"要求教师的评价能切中要害，不模糊；"巧"要求评价能讲究技巧，使学生乐于接受，追求幽默感。例如：一个同学在朗读课文时，声音比较悦耳，但语速过快，感情不够投入，老师可以评价说："你的声音真好听，不过要是能加上表情，语速再稍慢一点就更能传情达意了，不信，你试一试!"

总之，开放式教学绝不是"放羊式"教学。开放式教学，应该是鼓励多元答案，让学生展开发散思维；但绝不可忽视答案的客观性、科学性，对不准确的错误的应该指出来，并帮助学生改正。此外，教师在课堂上要对开放时间、开放内容和开放程度上把握好"火候"。争取给学生创造一个立体化、民主化、多边化和生活化的自由空间，使学生具有一个展现自己个性的宽松氛围。

第二节 过于重视课前设计

在我们常规的课堂教学中，学生围绕教师转的现象极其普遍——教学内容、教学过程、课堂提问设计，无一不是老师早已预设好了的，学生在课堂上其实就是被老师牵着鼻子走，学生的主体性并没有真正体现。而课堂教学是一个动态变化的过程，教师面对的是个性迥异学生，因此教学中难免出现意外的变化，甚至会出现一些干扰教学的不协调因素。请看下面的教学实例：

一位语文老师在上《五彩池》一课时，问学生："面对如此美丽的五彩池，你们想说些什么？"，本以为学生会顺着他预先设计的思路，说一些如"我真想亲身到四川的五彩池去看一看。"等之类的话。然后这位老师便可用"既然大家那么喜欢五彩池，那我带领大家一起去游一游课文中的五彩池，好吗?"一句话将学生引入本已设计好的幻灯片。谁知，一个调皮的学生却提出了一个老师事先备课时根本意想不到的问题。他问："老师，五彩池这么美，我真想到五彩池中去游泳。五彩池里能游泳吗?"

这个学生的问题让老师陷入了尴尬，于是，这位老师便恼羞成怒地当着全班将"捣乱"的学生批评了一番，光批评就占用了20分钟时间，导致这课堂的教学任务荒废。更重要的是，从那堂课以后，每逢那位老师上课，那个挨批评的调皮学生不是打瞌睡，就是开小差，学习成绩也是直线下降。

"非预设性教学"已成为新课程课堂教学的重要特征。但是有些教师却像案例中的老师一样过分依赖、过分局限于课前设计的教学环节，刻意去关注板块教学的设计模式，一味追求完善，而忽视了课堂教学中的流动美，对课堂教学中"意外"的动态生成的教学资源缺乏应有的敏感，不能够及时加以捕捉并给以艺术化的加工、处理，使我们的课堂教学失去了真实自然，失去了培养学生思维能力的机会。

课堂就像一个小世界，每节课都避免不了要发生这样或那样

的突发性事件，教师时常都可能受到这样或那样的触动或干扰。但对于一个有经验的教师来说，他能够敏锐地发现突发事件中的积极因素，通过巧妙的处理，化被动为主动，化平凡为神奇，将一些看似与教学过程毫无关联的成分，有机地组织到课堂教学中来，从而使学生有所感悟。这就要求教师在教学过程中必须具备准确、深刻、细致、敏锐的观察能力，通过观察，察觉出突发事件、特殊情境与教学目标之间的偏离度或契合度，冷静沉着，准确判断，控制好自己的情感、行为、表情、言语，抓住有效信息，充分发挥教学机智，及时有效地调控教学过程。下面请看教学实例：

一次作文课上，一位老师把某学生的作文当成范文在课堂上讲评，正当老师兴致勃勃的刚读了几句时，不知道哪位学生在下面说了一句："她是抄来的。"一石激起千层浪，紧接着，又有几位同学附和着说："没错，她是抄来的！"课堂上立刻出现了一阵骚动，一些同学已经"呵呵"地笑出了声。很多人都把目光投向这位写作文的同学，满脸轻蔑。而此时这位平时很内向的女同学已经趴在桌上哭了起来。望着这突如其来的事件，老师有些不知所措，真想狠狠批评惹事的同学，叫他们闭嘴。但仔细一想这样做不仅不能够平息这场风波，而且自己也已经事先制定了教学计划，时间不允许他在上课时调查真相。为了避免事态的进一步扩大，这位老师改变了初衷，镇定下来开始问学生："同学们，你们觉得这篇文章好不好？""好是好，可是……"老师立刻打断了发言的学生并再次强调说："我问的是这篇文章好不好，不管其他。"学生说："好！""好就请同学们听听，看好在哪里？这样好的文章我以前读的不多，同学们可能也读的不多，以后多给同学们推荐一些好的文章，在班上交流，你们觉得怎样？""好""那对今天第一次为我们推荐优秀文章的同学大家说该怎么办呢"学生齐说："谢谢！"当全体同学都心领神会时，那位老师接着说："今后我们轮流推荐，不过，如果推荐原文，请别忘了标明出处和作者。好吗？"这时那位老师望着写作文的同学时，发现她已经抬起了头，眼睛里闪烁着感激的泪光。就这样原本剑拔弩张的课堂气氛得到了缓解，避免了在有限的课堂教学中旁生枝节，同时也保护了学生的自尊心。

这个课堂实例，我们可称之为"非预设性教学形态"。传统的预设性教学形态只是按着教师预先的设计"走教案"，较少关注学生的发展，关注学生在课堂上的生命状态。让"死"的教案支配和限制"活"的学生，制止了他们在课堂上思想和生命的活力，使原本鲜活灵动充满情趣的课堂变得机械、刻板与程式化。于是在传统的预设性教学形态中，教学设计

便成为了一种单纯的技术行为。传统的预设性教学指导下的教学设计，成为一种线性的、凝固的预案，不仅教学目标不能变动，教学过程环环相扣，教学结果可以预料，甚至连每个环节花几分钟教学都预先规定，忽视的恰恰是课堂教学中最重要的因素——学生的发展。

为了帮助我们走出预设性教学误区，我们应该了非预设性教学形态具有的特点：

（1）课堂教学的重点难点及问题不是教师一厢情愿预先设定，而是随着教学进度的逐步推进由师生双方在特定的场合、特定的情景、特定的气氛、特定时空下互动生成的，非预设教学中的重点与难点更具有现场性、动态性、灵活性。

（2）非预设性教学形态中的思维流势不是一味由教师流向学生，而是在教学进程中师生的相互对撞、师生相互接纳的过程。

（3）非预设性教学形态相对于传统的预设性教学，它淡化了教学环节的完整性，更注重的是学生学习的质量，师生双方互动的质量。

（4）非预设性教学并不等于漫无目的，让学生随便乱说一通，更不意味着教师不做任何计划和构想，相反，这样的教学对教师提出了更高的要求，教师必须在更宽更深的层面去充分构想和设计。如学生可能从哪个角度提出问题、发表见解？如果自己认为很重要的问题学生却言有不及，自己怎样去补充？这些都是老师课前应有所准备的。

（5）要充分认识到同一阶段学生学习情况的差异并及时做好调整，即考虑到教学环节中的变量因素。认知程度不同的学生在提问以及问题解答上都存在着差异。如在实验班教学时，学生基础好，思维活跃，发言大胆积极，表现欲强，语言组织及表达能力让老师都大为赞赏，教师发言不多，所做的仅是课堂教学的组织者而已；在平行班教学时，教师应针对学生基础较差的情况，适时降低教学难度，可以相对延长重难点的讲解时间，然后在此基础上让学生进行讨论，并积极创设条件，发挥教师"导"的作用。

总之，教学过程中的"节外生枝"现象是课堂活动过程中必然遇到的问题。教师可以机智巧妙地利用外物的刺激而产生的灵感，即兴发挥，随机调控，从而把干扰教学的消极因素、离散因素迅速转化为积极因素。

第三节　小组合作学习，流于形式

在一些数学课堂上，我们常常见到如下的镜头：

这是一节数学课。课堂上，几张桌子拼凑在一起，学生坐成"U"形或围成一圈，教师刚刚提出一个问题，便立即宣布小组讨论。前排学生"唰"地回头，满教室都是嗡嗡的声音。有的小组你一言我一语，每个都在张嘴，谁也听不清谁在说什么；有的小组组长一人唱"独角戏"，其余学生当听众，不作任何补充；有的小组的后进生把讨论的时间作为玩耍的最好时机……这期间老师则在教室里走来走去，或若无其事的东瞧西看，或在各小组之间巡视，但很难看见教师参与合作与引导。几分钟后，学生代表发言"我怎么怎么看"，"我觉得应该如何如何"，"我的意见是……"

上述片段中的现象普遍存在，从案例中我们也可以看到整个小组合作交流的过程表面上热热闹闹，但在热闹的背后更多的是放任、随意和低效。仔细观察，就可以发现，这实际上是一种合作"自由化"的现象。讨论时，有的小组里每个成员都在说话，听不清谁在发言，同学们七嘴八舌，听不清究竟是谁的思维严密、谁的思维缺乏条理性，教室里一片嘈杂声。学生关注的仍然是"我怎么样"，而不是"我们小组怎么样"。

由此可见，小组合作学习主要存在的误区有以下几点：

（1）为"合作"而合作。随着课程改革的不断推进，教师的教学观念不断转变，合作交流逐渐走进了课堂。于是，我们常常看到有的教师时不时地组织学生合作学习，学生倒也情绪高涨，却往往出现老师盯着手表喊停或者本组代表发言的同时，有其他组员在下面喊着不同的结论。教学实践中的这种合作学习，表面上看起来热热闹闹的，实质上却流于形式，成了点缀课堂的"花瓶"。课堂上教师为合作而合作的现象普遍存在，究其原因有两点：①一些教师片面地理解合作学习的意义，于是，不论是日常的教学还是公开课、研究课，无论什么教学内容，都少不了合作学习这种模式，至于学生讨论的内容如何，讨论的结果如何则另当别论。② 学生的自我管理能力比较弱，还没有形成合作学习的意识和能力，合作的方法及途径又知之甚少。而教师又不能及时地提醒和指导各组学生的讨论和交流，以致在学生眼中，合作讨论也不过是个形式。

（2）重讨论轻思考。新课程要求教师在教学过程中注重培养学生的独立性和自主性，促进学生主动地学习。这充分说明合作

学习要以学生的自主思考与自主探索为基础，否则不利于培养学生独立思考和终身学习的能力，势必助长学生的依赖心理。回顾当今课堂，往往存在着一些雷同的现象：教师一提出问题或者学生向教师提出问题，就直接要求学生讨论，学生也就遵照"师命"讨论开来。试想，学生根本就来不及独立思考，怎能进行有目的的交流？怎能进行一定深度的讨论？没有经过个体独立思考的合作学习，发言就只限于少数人，自然形成了优秀生唱"独角戏"的怪现象。

（3）重学生轻老师。教学中，教师布置学生进行小组合作交流活动后，自己要么走到讲台前浏览教案，准备下一个教学环节；要么在学生中间漫无目的地来回走两趟；要么时而看看学生，时而看看手表，不知所措，无所事事。表面上看是尊重了学生的自主性，重视了学生之间的合作交流活动，实质上是忽视了教师的主导作用，教师将自身当成了合作交流过程的局外人。

（4）重个体轻整体。传统的教学观是学生围着教师"转"，教师唱主角，学生当听众。而今新课程背景下的语文课堂中，一不留神，合作学习就会成了优等生当"红花"，而后进生成了"陪衬"的假合作学习。在听课过程中，我们常常发现，教师一宣布讨论，学生就"千姿百态"。有你说你的，他说他的；有窃窃私语，自得其乐的；有的是真机会侃侃而谈的；也有的学生一言不发，静当"忠实"听众的。当教师确定的时间一到，便请小组代表汇报。这种只注重学生个体而忽视整体提高的合作学习，"含金量"到底有几分？

（6）深浅不宜，没有价值。在教学活动中，部分教师为了"突出"合作学习这个重要环节，对合作问题的切入点把握不准，有的问题是学生显而易见的，学生略有思考，甚至是可以脱口而出的问题，也要花上时间进行合作探究。比如：有一位教师，在进行三角形的认识这一节教学时，让同学们以组为单位讨论一下，怎样才能利用手中的橡皮筋拉出三角形。

也有的教师把一些学生古怪离奇的问题搬到课堂上让学生在合作学习中讨论解决。如：一位语文教师，在讲完《赵州桥》一文后说："同学们，赵州桥是古代劳动人民的骄傲，我们生在红旗下，也应该为祖国的建设出力，下面就请同学们以小组为单位设计一座比赵州桥的结构更合理的一座大桥吧！并画出图纸来。"这样无价值的问题让学生的合作只能失去价值。

既然我们认识了误区，那么走出误区的对策有哪些呢？

（1）时间恰当。合作学习之前，我们必须留给学生独立思考的时间，尤其是涉及语言现象、语言规律的更需要让学生进行个

体的独立观察、思考。只有当每个学生有了初步想法后，再进行探究、合作，这样交流起来才有实质内容，否则，就如水上浮萍。落不到实处。

（2）教师心中应有一把尺子。在课堂教学活动中，教师一定要清楚在什么时候，什么情况下应该进行合作学习。下列 3 种情况是进行小组合作学习的最佳时机：一是，出现新知识，需要新能力时；二是，遇到学生都希望解决的问题而且有一定难度时；三是，当学生的意见不一致并且有必要讨论时。在教学过程中老师应按教材要求和学生的情况，从学生可能的质疑出发，经常设计一些需要合作的问题，这类问题要有一定的开放性，问题要围绕课程标准，数量不宜太多、太散，避免随意性；难易要适度，最好的方案是，问题的难度"大于个人的能力，而小于小组的合力"。

（3）要有明确分工。小组合作学习，首要任务就是明确成员各自分工的职责；其次要求学生在相对独立的基础上互教互学，互相帮助。更重要的是要教给学生合作学习的方法，如：有些问题小组成员先独立写出问题的想法，再分别说出自己的想法，其他人倾听，不要打断别人的发言，等别人说完后再询问、质疑、发表看法，然后讨论，形成集体意见。这样人人都有思考、表现、取人之长为我用的时间。汇报时以"我们小组的意见是什么"的身份出现。

此外，在每个小组中要设立组织者、联络者、记录者、汇报者、激励者等角色。这种分工是不固定的。可根据小组人数及教学内容进行增设或合并。只有分工明确，职责到位，学生才能借助生生之间的互动，借助集体指挥，真正做到合作中学习，学习中合作。

如"组长"在小组讨论交流时要掌握本组学习的进程，安排发言顺序，在全班汇报时，组长还要安排一名语言表达能力强的同学作代表发言；

"记录员"要做好本小组讨论过程中每位同学发言的记录等等。同时，在组长的主持下，每个同学都要发言，都有发言的机会，说得精彩与否、深刻与否都是次要的，关键是这样做，让每个同学都有展示自己的机会，并且让性格内向的学生也能开口说话。在组内交流时能互相补充，互相取长补短从而使认识更加深刻。

（3）有效引导，保证小组合作活动有效开展。学生的合作是否有效，同教师的参与指导是分不开的。因此，在学生开展合作学习的时候，教师不应"袖手旁观"，更不能只顾着做下一环节的准备工作，而应当从讲台上走到学生中间去，在组间巡视，对各个小组的合作进行观察和介入，对各小组

合作的情况做到心中有数。同时，教师还应针对学生合作中出现的各种问题进行及时有效的指导，帮助学生提高合作技巧，顺利完成学习任务。比如：对开展得很顺利的小组予以及时的表扬；对合作交流中偏离主题或遇到困难的小组提供及时的点拨；对完成任务的小组进行检查。小组汇报、交流学习成果时，教师更要积极引导每位成员站在小组的立场上发言，告诉学生"个人的发言将代表小组，个人的成败将与小组息息相关"，以增强学生的集体荣誉感，促使其在今后的小组合作中全力以赴对小组成员的各司其职进行监督等。只有这样，才能有的放矢的调整下一个教学环节。

（4）分组科学，避免鱼龙混杂。小组合作除了有"小组合作交流"外更重要的是"小组优化组合"。学生基础不一，水平参差不齐，势必会使学习基础较弱的学生丧失自信心，从而在交流中出现或无话可说或人云亦云等情况。这就失去了小组合作学习的意义。教师应从学生的能力、兴趣、性格、背景、教学内容的特点等方面出发，对全班学生进行有针对性的分组。

（5）拓宽合作的外延。可采用活动的方式进行合作学习。如有位老师在讲授朱自清的《春》一文时，让学生通过查阅各种资料去搜集关于写春的名诗、名句。有部分学生因家中或同学手中资料有限，在双休日便自发结伴去书店读书。在那里，他们查找各种书籍，不仅摘录了许多写春的名诗、名句，还摘录了一些关于夏、秋、冬的文字资料。通过这种活动的方式合作学习不仅培养了学生的学习兴趣，激发了他们的学习热情，同时也锻炼了他们社会实践的能力，而且还可以让他们感受到：学习渗透在生活中的各个角落，而课堂仅仅是其中很小的一个部分。

（6）评价要公正。

总之，小组合作学习方式符合学生乐于交往的心理需求，是学习方式的一次深刻变革。合作学习的活动方式也是多种多样的，它可以因人而异，因问题而异，或者因客观条件而异。在有条件的情况下，哪种方式最能显现合作学习的效果，我们就可以采用哪种方式来进行。比如，专题讲座、辩论赛、读书交流会、学生个人"随笔"点评、编辑班级小报、朗诵会等活动都是能够用合作的理念来实现的。只有在日常教学中持之以恒，以小组合作学习方式进行精雕细刻，反复演练，领会其精髓，走出误区，正确运用合作探究的方法，这样，才能实现我们的教育目标，提高教育教学质量，培养出具有合作、探究能力的一代新人。

第四节 "自主学习"等于学生自己学习

新课程强调学生的自主学习，但部分教师对新课程理念理解不到位，不清楚如何将理论转变为可操作的方法，在课堂教学中出现了一些令人困惑和担忧的现象，导致教师主导地位的失落。请看下面的案例：

这是一堂政治课，一位老师夹着课本走进了教室，5 分钟后，他便让学生自己看书，然后自己提问。在学生自学的时候，教师成了一个找不到自己位置的人，一会儿在课堂上溜达，一会儿又低头看教案……

在全社会日益注重素质教育的今天，自主学习模式作为实施素质教育的有效载体，成为了教师关注的一个焦点。对此的尝试也是花样翻新、名目繁多。尽管有的教师对于"自主学习"的真正意义理解的也许不那么清楚，但是热情远远高于对其意义的探究欲望。于是，"自主学习"随着新课程标准的出台而轰轰烈烈地展开了。

的确，新课改的实质是培养学生的自主学习能力。但这并非是光靠新课改的理论依据所能够做到的。在极大部分教师对自主学习以及实施方法都缺乏理性认识的时候，就不免产生出种种偏差。在此，我们以自主学习的实施者的角度来分析其中的种种误区。

（1）放弃教师在教学中的主导地位。新课堂理念倡导以学生为主体，但这种主体作用应在教师的主导下有序发挥，出于对自主学习认识的模糊，有些老师允许学生在课堂上走来走去，自由发言，让学生完全凭着自己的喜好、随着自己的感觉进行学习活动，导致课堂秩序的混乱。而并没有对学生的学习方法作一定的指导，对学生认识的误区也没有作深刻的分析，有效的指正，而只注重标准答案，导致学生们只知其然，不知其所以然。在每一次的教学中，教师们都会把"鱼"给学生，却往往不教授他们如何去"渔"。导致了不少的学生"高分低能"、思维滞塞。

（2）把"自主学习"与"教师讲解"完全对立起来。有的老师认为"自主学习"就是不用讲解，显然这种想法是完全错误的。首先，教学的过程就是"教"与"学"的过程，是"教"与"学"双方的事，是师生双方相互交往、共同发展的过程。教师的"讲"是"教"的重要组成部分，"讲"与"学"不是相互矛盾的，它们构成了教学的整体。如果只片面地强调"学"，完全忽略教师的"讲"，那么就会从一个

极端走向另一个极端。

（3）把"自主学习"理解为学生"自己学习"。当前教师在教学中有以下几种不当的角色表现：一是，教师充当了学生课堂学习的"召集人"。整节课都是学生自己在"哇啦哇啦"地读书、吵吵闹闹地讨论，教师则显得无所事事，课堂教学缺乏目的性，实际效益太低。二是，教师充当了学生课堂交流活动的"旁听者"。在学生交流资料或汇报读书收获时，教师始终不置可否，也不加以引导，造成学生漫无边际地交流。三是，教师充当了学生课堂活动的"捧场人"。无论学生读书、发言的情况如何，老师总是赞不绝口："棒极了！""真了不起！"。四是，有的教师根据自己对教学内容的理解或教学预设的需要，将教学内容分解为若干个思考题，然后留给学生一定的时间，要求学生在阅读教材的基础上去找出相应的答案，而此时的教师则在教室里漫无目的地走来走去，大有"胜似闲庭信步"之感，要不索性站在讲台上等待时间的悄然流逝，过一段时间后，让个别学生讲出答案，若答案与标准答案相似，教师便大加赞赏，若学生的答案有所偏颇，教师则把预先准备好的标准答案和盘托出，此堂课便大功告捷。由于教师不能正确把握自己的角色定位，使得课堂上该引导的得不到适时引导，该深化的得不到及时深化，该训练的得不到有效训练，教师在课堂教学中的这种"不作为"行为，导致学生的语文素养难以得到实质性的提高。

（4）把"自主学习"理解为"自由学习"。当前教学中的"自由化"倾向比较突出，集中表现在3个方面：一是，教学内容的自由化。一些教师片面理解"拓展课程资源"，以致课堂教学中经常出现无限度的资料交流。二是，目标要求上的自由化。例如《草船借箭》的教学，本来应当着重引导学生透过课文的语言文字去感受人物的性格特点，以发展学生的阅读能力，而有些教师却把这篇课文完全上成了"看录像、讲故事"课，学生几乎脱离了课本，直观形象代替了语言文字的学习。三是，学习进程上的自由化。

（5）自主学习流于形式，缺乏思考。目前，不少教师为了片面追求活跃的课堂气氛而引入了诸如讨论、演讲、小品表演、角色互换、辩论等丰富多彩的形式，表面上看，学生都积极参与了活动，课堂上"生机勃勃、热气腾腾"，但仔细想来，这种课堂气氛留给学生足够的思维空间了吗？有没有挖掘教材本身的深层次的东西呢？这种将过程无限性放大的课堂，剔去作秀的成分，课堂内容所剩无几。学生在课堂上虽然快乐有加，但课后却说不出一节课下来到底收获了什么。真可谓"结果诚可贵，过程价更高；若为自主故，两者皆可抛。"

上述几个误区，充分体现了如果教师的作用丧失，学生

主体性的发展会受到他们自身水平的限制，致使他们的认知水平仍在原有的水平上徘徊。更为严重的是，学生如果离开了教师的正确导向和有效引领，自主学习就会蜕变为一种随意性、自由性学习，表现为随心所欲、走马观花，有时不仅严重偏离、曲解了课文的原意和科学本质，而且还出现了价值观的偏离，从而从根本上扭曲了学习的方向和实质。这是自主学习的实践误区。

要走出"自主学习"的误区，必须在教学中正确处理好学生的自主参与和教师的合理引导之间的关系。教师在教学中应该担当好3种角色：①要当好学生学习活动的组织者。适当调控课堂节奏，尽量保证预定教学任务的完成。合理控制学生的学习情绪，做到课堂教学有张有弛、动静结合。学习中既要有愉快的气愤，也需要沉静的阅读和思考，过多的议论、表演会使学生的情绪处于极度的亢奋状态，容易产生疲劳，而且会养成学习浮躁的不良习惯。②当好学生学习活动的引导者。课堂上教师要引导学生发现并纠正学习中存在的不足。也有的学生由于自身认知力的限制，经常会出现理解不到位，甚至完全错误的理解，而这些问题恰恰是课堂教学的重要资源。因此，我们要十分珍惜学生课堂上出现的问题，积极引导并热情鼓励他们通过观察、比较、分析来克服不足，从而使学习更上一个新台阶。③当好学习活动的参与者。教师应当自觉地成为学生课堂学习、探究的伙伴，积极、和谐地融入学生课堂学习的各种活动中。当学生在进行自主学习时，教师更应该积极参与进去。要仔细聆听他们的发言，认真和他们交流自己的感受和体会，在这种交流互动中使学生的视野不断开阔，认识不断加深，思维不断发展。

除此之外，教师还应该了解怎样促进和指导学生的自主学习。

（1）形成良好的师生关系。教师与学生之间的平等、民主的关系，有助于唤醒学生的自我意识，促使其自主学习的进行。首先，要改变对学生的看法，把每个学生都视为有成功希望的个体；其次，要尊重学生提出的古怪问题或别出心裁的念头，不能随意批评，要正确引导，提高学生的思想认识；最后，要确立学生的独立意识，保证他们有独立的活动空间，人格空间和学习空间，防止自主学习流于形式。

（2）创设具有挑战性的学习任务。教师要在课堂中经常设问，使学生始终沉浸在问题情境之中，获得自我探索、自我思考、自我表现的实践机会。一般所创设的挑战性的学习任务难度要适中，切合学生实际，学生经过一番努力能够完成。太难会挫伤学生的学习积极性，太容易则不利于培养学生自主探索的

精神。

（3）充分发挥榜样的感化作用。学生自主学习技能是可以通过观察与模仿他人来获取的。一方面，教师要在全班精心培养学习的典范，充分发挥典范的潜移默化作用，带动全班形成积极向上的良好风气。让学生学有榜样，激发他们上进的欲望；另一方面，教师要作为一个自主学习的示范者，成为学生自主学习的一面旗帜，主动与学生一道共同探索学习中的新思想、新问题、新方法，用实际行动感染学生、教育学生。

（4）教师主导作用应与学生主体作用和谐统一。自主学习的确以学生发展为本，重视学生的主体地位，但并不等于让学生放任自流。现代教学观认为"教学的真正含义是教师教学生如何'学'"。因此，在教学过程中要使学生实现"会学"这一目标，"导"的作用是不容忽视。教师必须明确自己是教学活动的促进者、指导者、合作者，在学生学习过程中，教师不能消极旁观，而应帮助学生制定确切的学习目标，指导学生形成良好的学习习惯，掌握学习策略，还要积极地看、听、想，观察学生在学习过程中的表现。当学生学习陷入困境时，教师应充分发挥引导作用，通过一些富有启发性的问题激活学生的思维。尤其在学生的思维受阻之处，要设计好问题的梯度、角度，导在难点、疑点处，从而帮助学生走出学习的误区。

　　所以，学生的自主学习与教师的主导作用存在着相辅相成、互相促进的密切联系。教学过程中的自主学习，既不能脱离教师的主导作用，也不能无视学生学习积极性的调动，偏废任何一方，都不利于教学的健康发展。

　　综上所述，"自主学习"是在教师指导下进行的一种学生能自我管束，自我操纵积极主动的学习方式，它强调学生的主体性，强调学生是学习的主人。教师只有转变教学观念，牢固树立正确的教育观，才能真正做到尊重学生，实现教学民主，给学生以更多的学习自主权；而学生也只有具备主动探索的精神并有自我调控的能力，才能实现真正意义的"自主学习"。

第五节　忽视教师主导作用，片面追求自主探究

　　随着教学改革的深入，探究性学习正逐步走进课堂，成为一种重要的新型学习方式。这种学习方式顺应了当今学生对外部世界强烈的好奇心与探究欲，能真正体现学生的主体地位，对学生

的创新精神与实践能力的培养与发展大有裨益。这种过程的学习方式，有助于矫正传统应试教育带来的只重结果而忽略过程的弊病。因此，是值得提倡与推广的。

但如果我们深入课堂，就会发现有的教师走入了"探究教学"的误区。请看下面的案例：

这是一堂科学课，在一节课即将结束的时候，王老师让学生质疑问难。有的学生提出"是不是所有的花都会结果？"教师说，这不是本课的重点内容，课后自己研究研究……

上述案例中教师的做法不仅不是真正的教学拓展，而且也是一种不负责任的教学行为。没有教师一定的指导与帮助，仅凭学生的认知水平、探究能力，这种放羊式的自主探究大都会不了了之，不仅不会达到培养探究能力的目的，反而会在很大程度上损伤学生自主探究的热情。

学生学习的过程成为发展个性、表现个性、培养个性的过程。这一现象说明课程改革的新思想已经融入教师的教育教学观念之中，并且逐步内化为教师的实际行动。然而，在课堂教学实践中，大多数教师和案例中的王老师一样正在改变老一套"静听"式的教学模式，为了努力实施这种新的以人为本，注重培养学生求异思维和发散思维的教学方式。他们狭义的理解探究性学习的含义，过分追求探究性学习的模式，从而教学实践走入了单纯追求形式的歧途，直接影响了教学效果。主要表现在以下几方面：

（1）忽视教师主导作用，片面追求自主探究。探究性学习是指学生是在现实生活情境中，通过发现问题、调查研究、动手操作、表达与交流等探究性活动获取知识和技能。而在实施探究性学习的课堂教学中，一些教师却恰恰忽视了这一点。一些教学内容，尽管教师给学生创设了一定的问题情境，也给学生提供了充足的时间，让学生自主探索、表达交流，但学生却很难发现规律性的东西，也就根本谈不上自觉运用，甚至一些学生自主学习陷入困境，对新知识深层次的理解及拓展更是束手无策。

（2）随意探究。很多教师在探究性学习中错误地采取"放羊式"教学，让学生完全自主地学习探究。这种不利于探究性学习的有效展开的现象主要表现在两个方面：

①学生自主探究的问题过于分散，在汇报交流时只能"各自为政"。例如，《赤壁之战》一文的学习中，"黄盖为何建议用火攻？为何要写假降信？"、"周瑜为何信任黄盖？"、"生性多疑的曹操何以一点防备也没有？"、"为何要选'东南风很急的一天火攻曹操？"……面对学生的众多问题，教师一律用"很有思考价值"的赞语来表扬。由于没有统一的目标，学生进行交流时往往

只对自己研究的人物、事情感兴趣，对其他人的研究只能听听而已，甚至漠然视之。

②部分学生提出的问题远离了多数学生的思考范围。而这些问题大都与学习主要目标无关，可对这些问题的探究依然在课堂上"热火朝天"地进行着。如《活化石》一文学习过后，几个活跃的同学就"大熊猫、中华鲟的分布情况及生活习性"等进行深入的探究。大多数学生便成了无所事事的听众。

（3）只重过程，不重结果。很多教师在指导学生进行探究性学习时都认为探究性学习要的是过程而不是结果，因而只是一味"求异"而忽略了探究活动的结果，最终导致学生思维迷惑而无所得。例如，在学习《董存瑞舍身炸暗堡》一文时，为了发展求异思维，教师让学生探究炸暗堡的其他方法，学生提出了十几种炸暗堡的方法，教师都一一肯定了。这样，很多学生认为董存瑞舍身炸暗堡没什么了不起，甚至不如自己高明。那么这种"求异"的过程又有多大的意义？

（4）探究性学习排斥接受性学习。探究性学习是学生在学科领域或现实生活的情境中，通过发现问题、调查研究、动手操作、表达与交流等探究性活动，获得知识、技能和态度的学习方式和学习过程。与传统的接受性学习和训练性学习相比，探究性学习具有更强的问题性、实践性和开放性。而接受性学习过分强调接受与掌握，冷落和忽视发现与探究，教师往往把教学理解为讲解知识、技能和原理；学生往往把学习理解为背诵、模仿和做题。这种学习方式，只注重对现成结论的接受、掌握。而实际上学生的学习是被动的、机械的、死板的。

接受性学习的主要作用在于引导学生在尽可能短的时间里获得尽可能多的知识和技能，它并不必然导致学习过程的枯燥与机械。接受性学习具有它的有效性与合理性，对学生具有自身特定的价值，在传承文化上起着重要作用。探究性学习必须建构在接受性学习之上，同时应该对"接受性"学习方式提出补充、调整和改革。因此，我们应摒弃传统接受性学习中过分强调机械模仿且不加理解死记硬背式的做法，而并不是要完全放弃接受性学习。

（5）所有知识和问题都要开展探究学习。探究性学习最早起源于杜威的"问题教学法"，后来美国学者施瓦布朗明确提出"探究性学习"，他认为"如果要学生学习科学的方法，那么有什么学习比通过积极地投入到探究的过程中去更好呢？"真正理解和把握探究学习，关键在于理解什么是探究，怎样探究，探究的方式有哪些。美国的《国家科学教育标准》认为"探究是一

种复杂的学习活动，需要做观察，需要提问题，需要查阅书刊及其他信息源以便了解已有的知识，需要设计调查研究方案，需要根据实验证据来核查已有的结论，需要运用各种手段来搜集、分析和解释数据，需要提出解答、解释和预测，需要把结果告之于人。"

在课堂上，一个简单的汉字结构、一个浅显的规则定理、一个没有探究意义的问题，有的老师都让学生"探究"半天。实际上，一节课学生不可能事事探究，也没有必要什么知识和问题都要探究，那种体现事物名称、概念、事实等方面的陈述性知识就不需要学生花时间去探究，靠听讲、阅读、理解等方式就能掌握。无需探究的问题都要去探究，会导致探究的浅层化和庸俗化。新课程所提倡的探究是科学的探究，而且是有意义的探究。

（6）是教学控制主观化，教改流于形式主义。探究性学习强调学生的自主性，他们可以自主地选择学习目标、内容、方式及成果。这种课堂结构下的学生通常以课堂思考、讨论为主。然而，有些教师由于害怕这种非预设性的教学会影响教学目标的完成，或自己并不熟习学生所提的问题领域，于是在筛选学生提出的问题时，往往带有主观片面性，他们只把他们自己认为重点的或自己熟知的内容作为讨论对象，而其他问题却被忽略。

既然探究性学习要求以学生为本体，学生的主体人格就应被尊重。探究原本不是一个领域，而是一种对待未知事物的态度，有了这种态度，学生在学习过程中才会永远充满好奇、怀疑和热情，永远享受着创造、成功的喜悦。如果教师随意否定学生提出问题的价值，那么，就会大大地挫伤学生的探究热情。

探究的问题完全由教师个人决定，学生的个体差异得不到关注，那么在讨论问题时一定是大部分学生还坐"冷板凳"，几个学生讨论来讨论去，又怎么去体现学生的主体性呢？课堂结构也只不过是由过去的教师"一言堂"改变成几个学生的"一言堂"罢了。

（7）注重模仿，忽视创新。在探究性学习过程中，有的教师将书本上的探究性学习案例信手拈来，或者照搬周边学校开展过的探究性学习课题，布置给学生让学生进行探究，忽视自身所在的社区、学校和学生的实际情况，从而出现了模仿他人进行探究性学习。由于模仿他人开展既省时又省力，甚至在短时间内还能取得明显成效，造成了有的教师不去探索和创新开展研究性学习的新方法和新思路。事实上，如果忽视从自身所在社区、学校和学生的实际情况出发，难免会造成探究性学习开展的"水土不

服"；忽视对探究课题和活动形式的创新，则会造成探究性学习开展形式的模式化和课题的类同化，最终不利于探究性学习生动活泼和深入持久地开展下去，也不利于理论界对探究性学习进行研究和探索。

（8）学科本位，综合欠缺。相比而言，教师对学生提出的自身所教学科的探究性课题比较适应，但目前比较突出的是对于与其他学科相关联的综合性课题的探究的开展，有的教师感到难以适应，造成了在探究性课题的选择上更倾向于自己所教学科范畴内。在探究课题的选择上，学生往往从已有的认知水平出发，针对自身知识结构中存在的疑惑提出各种各样的问题，有的可能涉及教师所教学科，有的可能要关联到其他学科，也有的是与多种学科相关联的综合性课题。由此可见，学生提出的问题是多种多样的，可供开展探究性学习的课题也是很多的。教师不应存在学科本位意识，而应鼓励学生提出的综合性探究课题。与此同时，教师要加强自身知识体系的补充和完善，必要时可以取得相关学科教师的帮助和支持。

（9）随意提升探究水平。有的教师在探究性学习过程中为了体现探究课题的学术价值和社会价值，随意提升课题探究水平。其实，在探究性学习课题的选择和确定上，可以适度地顾及探究课题的社会价值和学术价值。但是，如果脱离学生的已有的知识结构和能力结构，一味地追求课题的社会价值和学术价值，则往往会造成适得其反的效果。在探究课题的选择和确定上，教师不妨问一下自己：学生发现了哪些问题？这些问题中哪些是有探究价值的、新颖的、学生感兴趣的？学生有能力去解决吗？可以说，只有那些既有价值、学生又感兴趣且又有能力去解决的问题才能作为探究课题。例如，有一道探究性课题，"汉语新外来词的现状与发展趋势"，虽具有学术价值，但学生的认知水平与课题所需具备的探究水平尚有一段距离，因此也就很难体现出该课题的探究价值。假如换个角度提法"日常生活中的外来词汇"，对学生而言，这样的课题或许更具探究价值，也更能激发学生探究乐趣。

（10）形式为探究，实质是题海。有的教师由于对探究性学习主观上认识不足和消极态度，出现了对探究性学习的开展停留于形式。看似是在深入开展探究性学习，实质是变探究为学习书本知识。有的教师在课堂上把学科题目信手拿来进行探究，打着探究性学习的名义，其实是在搞变相的题海战术。这样，不仅加重了学生的沉重的课业负担，更扭曲探究性学习的科学内涵，也失去了开展探究性学习的意义。我们知道，探究性学习强调学生自主性，由学生自己设计并控制学习的整个过程，并要求教师充

分尊重他们的思想观点和提供条件鼓励他们探究。倘若逢课逢题必讲探究，则学生会必将陷入接受式学习的泥潭，重新回归到应试教育的轨道上去。

（11）放任探究，缺乏引导。探究性学习的特点之一是自主性。有的教师在探究性学习过程中过分强调学生的自主性地位，出现了放任学生盲目进行课题探究，甚至撒手不管，这无疑会给探究性学习的开展带来消极的负面影响。同科学上的探究一样，学生在探究性学习过程中会面临各种各样困难和问题，倘若缺乏教师的正确指导和引导，学生可能会在探究的道路上偏离正确的探究方向，学生只能作毫无方向性甚至毫无意义性的探究，不利于探究性学习的伸入开展和探究成果的获得。因此，教师一方面要注重发挥学生在探究过程中的主体地位，另一方面还必须发挥自身的主导作用，加强在探究性学习过程中对学生的指导和引导，如对探究课题的确定、探究进程的控制、探究的方法的选择等方面的指导和引导。

（12）替代学生探究。在探究性学习过程中，有的教师没有给予学生机会去发现和提出课题，而是直接拟定探究课题供学生进行探究，造成学生唯命是从地根据教师提供的课题进行探究。我们知道，提出问题比解决问题更为重要。试想，学生之所以会提出问题？就是因为学生借助已有的知识经验无法排除学习过程中的疑惑，忽视这点学生必将失去进行探究的主动性和积极性。在开展探究性学习过程中，有的教师往往怀疑学生的探究能力，或担心在探究过程中会损害仪器设备，或担心占用过多的宝贵学习时间，或为加快探究性学习的进程，采取变相包办形式不让学生进行自主探究，甚至直接将探究结果告诉给学生，这无疑与探究性学习的科学内涵背道而驰。因此，在探究性学习过程中，教师应摆正自己的位置，切忌越俎代庖，而是应该围绕学生提出的疑惑去开展探究，充分发挥学生的主体性、主动性和创造性。

（13）呈现资料，草率结题。与科学探究一样，探究性学习有着探究的艰巨性、严密性和科学性。事实上，不是每一次探究性学习的开展都能结出丰硕的成果。有时通过师生之间和学生之间的努力合作能够得出满意的答案，有时由于种种原因未必就会有结果。没有结果并不意味着失败，最多只是个小小的遗憾。正确的做法是，教师要善于利用这种小小遗憾去引导学生寻求探究过程中的问题所在，激励他们带着问题借助新方法和新思路去作更深层次的探究。

那么认识了探究学习的误区，我们应该怎样走出误区呢？

（1）精心备课，创设探究性问题的情景。将探究目标纳入到教学目标中去，备课时要考虑三方面的目标，即探究知识、探究精神和探究能力。备课时课程目标应由"关注知识"转向"关注学生"，课程设计应由"给出知识"转向"引起活动"，因为学生在学习中获得的自信、科学态度和理性精神，比单独拥有知识更有价值。让学生自己在情境中加以探究、思考、理解，把课堂中的探究性学习转化成学生自己的学习方式，帮助学生学会自主探究，这是教师必须具备的课堂教学理念。挖掘与组合问题情境的创设应考虑难易度、适宜性与趣味性，这样易唤起学生的探究欲望与探究兴趣。

（2）协调教师引导和学生主动参与之间的关系。大多数教师在布置学生探究性学习活动之后，自己却无事可做，任由学生自己学习，老师或转转看看或准备下一步的教学程序，做自己的事，完全游离于学生的学习过程之外。探究性学习是以学生为主体，但这并不意味着"放任自流"。教师在安排学习之前，应使学生明确学习的目的和要求。在探究性学习中，教师要亲自参与学生讨论，与学生平等相处，彼此信任，共同合作，形成良好的氛围。教师要善于引导学生讨论，在引导过程中注意要善于让每一个学生都有表达意见的机会，而不局限于几个学生；要引导学生多向思维，鼓励学生发现并提出解决问题的不同方案，表达不同的见解，寻求不同的答案，避免循环反复或雷同，发挥一个真正引导者的作用。

探究性学习主要在于学生的主动参与，鼓励学生主动进行探索活动。主体参与可以增强探究性学习的活跃性，强化每个参与者的智慧奉献、能动协作。没有主动参与就没有探究性学习。通过调动学生自身的积极性，促使他们以主动的态度接受各种刺激，自主参与到课堂教学中去，成为课堂的主人，使潜力得到最大限度的开发，充分体现学生的主体参与性，以达到提高探究性学习效果的作用。

（3）教师分层指导，采用激励评价。教师应了解每个学生的性格特点和原有的知识结构及不同的文化背景，鼓励每一个学生都参与到学习活动中去。充分了解学生的个体差异、性格差异和认知差异等，在学习的过程中，学生的认知差异表现为认知方式和思维策略、认知水平和学习能力的差异。教师可根据学生学习能力的不同进行分层指导，即从探究过程的各个阶段加以不同的指导。如探究目标上可分层制定，问题情境可分层创设，小组讨论可分层组织、分层指导，探究性作业可分层布置。

在探究性学习中评价这一环节对学生的发展是至关重要的。探究性学习是一个强调过程的学习方式，从其特点来说，

过程评价比结果评价更重要，评价学生在参与探究活动中的变化和发展。既要评价学生的学习水平，又要评价学生在探究性学习中表现出来的情感和态度。评价应多采用激励性的语言。如对于提出独特的问题，发表新颖的见解的学生都可以进行激励性评价。激励评价要面向全体，对于每个学生来说，激励性的评语是非常必要的，特别是后进生，因为探究过程不可能一帆风顺，老师的评语可以起到鼓励与激发的作用，可以让每一位学生体会到只要自己在某个方面付出了努力就能获得公正客观的评价，帮助学生树立探究的信心。评价应努力克服传统的以教师为评价主体，学生为评价客体的模式，倡导民主评价，兼顾集体发展评价与个人发展评价，采用自评、互评、师评相结合的方式。评价的手段和形式多样化，可以在完成探究性学习活动后采用写"心得体会"、"成长记录袋"等评价形式。

（4）提高探究性学习课堂的时间效率。在实际课堂探究性学习中，有些教师缺乏强烈的时间观念，不注意通过教学双边活动的调控最大限度地提高课堂探究性学习的时间量，不去反思怎样通过改进教学问题的设计和帮助学生改进学习方式等途径提高探究性学习的能力，而是在课堂中，每个问题都让学生探究讨论一番，或游离于主要的探究任务之外，从而使必要的探究学习时间得不到保证而影响教学的整体时间。所以，教师要提高学生课堂探究性学习的时间效率，使有效的时间里探究出更多更好的问题。

（5）总结学生的发言。在课堂教学中，学生会有各种不同的发言，从个体上看，可能是有条理的，但如果从整体上看，又可能是凌乱的。所以，当学生的发言结束后，教师应及时进行一定的归纳或总结，从而使学生各自凌乱的思维最终成为一种整体上的认识。

（6）理清学生提问的讨论顺序。无论学生课堂上的提问如何精彩，也一定是杂乱无序的。这种杂乱既可以表现在所提内容的"东一榔头，西一棒槌"上，也可能表现在所提问题间缺乏的内在逻辑联系上，如果我们真的完全按学生的提问来上课，那么，整节课一定上得支离破碎，毫无整体感可言，所以当学生提问时，教师应按照文章内容层次与学生的认识状况，迅速在头脑里理清问题的先后讨论次序，去粗取精，去次留主。不露痕迹地尊重学生的主体意思的同时，使整节课的组织更严密更有逻辑性。

（7）学生的探究结果要恰当评价。既然不同学生的探究结果是不一样的，那么当学生的探究结果出来后，教师还应进行一定的评价。对于那些更接近标准的答案，教师应予以

明确的肯定，而对于那些过于浮浅的答案，教师也应该明确地指出。这么做是为了让学生看清彼此之间的差距，避免他们思想上步入误区，以为无论什么样的结果都是对的。所以，扎实的基础知识与基本技能，是学生进行探究的根本和源泉。恰当实施评价，对于提高学生探究性学习的效率与成果，有着重要的促进作用。

综上所述，在新课程改革背景下，"探究性学习"已被很多教师普遍接受和采用，也深收学生的欢迎。然而，任何一种学习方式要想在学生面前永葆魅力，唯一的方法就是让学生在学习过程中有所发现有所得。探究性学习也不例外，探究性学习对学生形成吸引的真正原因就在于探究过程中不断修正错误、发展优势，成为一名副其实的组织者和引导者，而我们每一位教师都应担负起自己的责任，正确认识课堂教学，走出"探究"教学误区，为学生提供自主学习和终身发展的广阔空间。

第二章　课堂教学走入歧途

　　课改以来，在广大教师的共同努力下，课堂教学方式发生了许多明显变化。教师、学生正在经历着角色的转变，教法日趋灵活务实，学法更加多样有效，教材使用有所创新。课堂教学正走向和谐、走向科学。但是，大好形势后面还隐藏着各种各样的问题。

第一节　多媒体教学独霸课堂

我们先看下面的案例：

有位教师在用多媒体教学《致橡树》时，将梁祝中的《化蝶》一曲引入了课堂。尽管《化蝶》与《致橡树》都涉及爱情

这一相同的题材，但《致橡树》重在表现一种现代爱情观，即木棉（女性）在橡树（男性）面前的独立和自尊；而缠绵悱恻的一曲《化蝶》则表现了古人在追求自由爱情而不得那种无奈和伤感，细细比较，两者相去甚远。再如，一位教师在教学《我的空中楼阁》时，请美术教师画了大量意在表现"空中楼阁"独特意境的图片。然而图片有限的表现力与课文提供给学生的无限想象空间的强烈反差却引起学生的不满。

教学实际中，这样的例子并不少见。随着计算机在教育领域的广泛运用，和教学改革的深入，多媒体辅助教学已越来越受到人们的重视，在课堂教学中得到较为广泛的运用，使教育最优化目标的实现变得越来越近。然而，现代化教学手段的运用与产生具有现代化教学效果之间并不是同步相生的，而且目前多数学校的多媒体教学尚处于"初级阶段"，不少教师在认识与实践上都还普遍存在着以下一些误区：

（1）舍简就繁，避易求难。古人云："书读百遍，其义自见"。"读"是教学中不可忽视的重要环节。教师范读，除了声音外，体态和表情是传递信息的重要手段。学生听教师声情并茂地朗读，更有利于学生透彻地理解知识；让学生自己"读"，对培养语感，发展语言更有着不可忽视的作用。而这些优势恰恰是多媒体所不具备的。然而在课堂教学中，许多老师舍简就繁，避易求难。明明是一段教师或学生均可诵读好的课文，或有现成的朗读带，却弃之不用，硬是要费九牛二虎之力将之剪辑、翻录到光盘中，然后用多媒体播放。这种劳思、伤神、费劲的繁琐化做法，于人于己又有何益？

（2）垄断化的教学。多媒体教学图文并茂、直观形象，因而在教学中被广泛应用。同行评课、上级视导，也常常将有无多媒体的应用作为评定一堂课成功与否的重要依据。这样就使得多媒体在教学中畸形发展，不管材料是否合适、混淆学科界限、颠倒主次目标，一窝蜂地多媒体教学，大有"垄断"之势。课堂上再也没有了奔泻的激情、迸发的灵感和思辨的火花。学生成了被动接受的"承载器"、人脑的创造才能将扼杀在电脑严格控制的程序之中。难怪有的学生在日记中写到："呜呼！何时还我清灯黄卷、墨韵书香？"

（3）机械呆板，喧宾夺主。一些教师在运用现代化教学时，一会儿放录像、听录音，一会儿又用计算机控制画面，一会儿又使用投影仪，将各种多媒体技术都尽可能地使用，虽然热闹，却使课堂本身走了样。这是因为教学手段的演示过程喧宾夺主地替代了对教学内容的分析讲解，分散了学生的注意力，使他们的兴趣由教学内容转向了教学手段，因而这样的课只是让学生过了一把新鲜瘾，至于教学目的能达到

多少反而是次要问题了。这也许是一些教师在运用现代化手段时所始料未及的。也有的教师把一堂课的所有环节、所有内容统统纳入课件中，甚至一个小小的提问，以及本应由教师对学生活动作出的反应也由电脑代劳了，从而造成多媒体独霸课堂，教师成为多媒体技术的奴隶的局面。

（4）只重形式，不重内容。多媒体教学能够加大信息量的传授，但是如果一味追求课堂教学知识传授上的"大容量"，那么教师反而会被课件牵着鼻子走，学生的学习则只能是囫囵吞枣。多媒体课信息量大，画面不断更换，学生应接不暇，总是埋头抢记笔记，真正思考领悟的时间大大减少，而为了顺利流畅地演示课件，教师在每一个教学环节中停留的时间较短，课堂显得相对紧张，很多时候提问也变成了一种形式。大多数情况下教师自问自答，师生互动形同虚设。另外，使用多媒体教学过程中教师在一定程度上只专注于多媒体操作，到学生中巡视的机会少了，和学生面对面的语言、手势、目光、表情的交流少了，也就影响了对学生的关注。若长时间用多媒体教学的话，那么老师和学生之间的情感交流就会存在障碍，不利于学生的身心发展。如果过分强调多媒体教学的优点，就会忽视课堂教学中学生的主体地位、教师的主导作用、师生间的情感交流，从而，削弱教师的授课艺术和临场机智发挥，使得教师成了放映员和解说员，此时实质上由"人灌输"变成了"机灌输"。

（5）用多媒体代替板书。计算机辅助教学的出现，使有的教师认为课堂教学从此可以告别粉笔时代，用课件显示代替板书。但"尺有所短，寸有所长"，板书的优点很多，具有直观性、持久性，并可根据教学情况随时修改，也可由教师和学生可以共同完成，而多媒体字幕则用固定的程序控制，使学生的思维同一性、答案唯一性，而且字幕一闪而过，学生连回味都来不及更不必说摘记了。再者由于屏幕的限制，本来可以在黑板上体现整体板书的，此时只能部分体现，从而影响了板书的整体性，也影响了学生对学习内容的整体感知。

（6）盲目追求视听效果。多媒体教学以全新的视听方式进入课堂，给学生们以全新的感官刺激。恰如其分的在课堂中播放一些经典名曲、电影电视的精彩片段，优秀的动画片之类，对于创设情景感染学生的确情绪能起到"一石激起千层浪"的奇特效果。但如果过于追求视听效果，则会适得其反。

（7）为表现多媒体而滥用多媒体。多媒体可以通过声音、色彩、图像、动画等各种手段直接作用于学生的感官。获得良好的教学效果，这一点是被多数人认可的。但是一些教师却认为一个多媒体课件必须完整地包含多媒体各要素，才能

达到全方位刺激学生感官的目的。所以就出现了不管内容是否需要，总要生搬硬凑些声音、影像以体现多媒体。如，一些让学生自己阅读的部分，教师硬是配以朗读声音；当一个选择题做错时，呈现一张哭丧的卡通脸并来上好大的一声警告，吓学生一跳；当讲到八国联军火烧圆明园时，画面中出现一段大火熊熊燃烧的录像。

众所周知，我们应用现代教育技术的目的就在于实现教学过程和教学效果的最优化，促进课堂教学的现代化。面对这些误区，我们切不可等闲视之。为使现代教育技术得到健康发展，必须对其加以纠正。然而，要走出这些误区，该如何解决呢？

（1）正确认识多媒体教学。多媒体课件教学是根据教师的教案，把需要讲述的教学内容利用多媒体软件将文本、图形、动画、声音、视频等多种媒体信息制作成教学课件，刺激并引起学生的学习兴趣，提高学生的学习积极性，辅助教师授课的一种教学方法。许多教师为辅助课堂教学精心设计的多媒体课件具有直观形象、新颖有趣、音乐优美、感染力强等特点，有利于课堂教学的优化，提高了课堂教学质量，增加了课堂知识容量，有效地解决了教学中的重点和难点，降低了教学难度，提高了学生的学习兴趣，并注重学生思维能力以及创新能力的培养，有效地运用和发挥了多媒体辅助教学的优势。

但同时，也应该认识到多媒体课件仅是计算机辅助教学的一种形式。多媒体辅助教学是利用计算机把学科教学中利用普通手段无法描述或不易描述清楚的授课内容以动态图形的形式模拟出来，达到诠释授课内容的目的。因此，教师应该认识到不是所有学科、也不是每一课程的所有内容都适合用多媒体进行辅助教学，多媒体辅助教学应该着眼于相应课程的难点和重点。

所谓"工欲善其事，必先利其器"。多媒体辅助教学重在"辅助"，重在利用计算机这个工具将抽象的、难以理解的、需要交互处理的信息，运用直观的、形象的、生动的方式反映出来，帮助教师和学生在"教"与"学"的过程中进行沟通。

（2）加强科学性。多媒体教学要以研究运用多种媒体、优化学习目标、提高教学效益为宗旨，而不是研究用更多的媒体将知识"电输"给学生。在媒体的选用和操作上要加强科学性，要根据不同的教学内容、教学目标，不同的教学重点和难点来选择最合适的媒体。软件的选择要力求切题、重点分明、难点突出，要把学生创造力的培养放在首位。

（3）注重实效性。教学媒体是教学系统诸要素中的一个因

素，它不仅仅是传递教学信息的工具和手段。任何媒体都有其自身的功能和特性，只有把多媒体的功能进行合理组合；充分发挥其特性，才能达到提高教学质量的目的。因而在实际教学中，切忌凑热闹、图花哨、为电教而电教，把原本意蕴无穷、能力四射的"文本"弄成眼花缭乱的画面去投学生追求感官愉悦之所好，而要牢固树立优化组合的意识，本着形式服从效果的原则，提高课堂效率，努力最大限度地发挥学生的能动性和创造性，使学生"学无止境，其乐无穷"。

（3）强调择优性。教学媒体不可拿来就用，而是要有选择、有设计地运用，不能不用，更不能滥用。要遵循择优性原则，在课堂教学活动中，媒体是教学信息的载体，教师在选择教学媒体时，必须从教学系统的整体性出发，考察媒体和教师、学生、教学内容、教学目标等教学要素之间的相互关系，从而确定哪个知识点，选用何种媒体，媒体的内容是什么，怎样用，何时用，达何目的，真正最大限度地发挥其优势，最恰当地让学生直观感知，真正实现课堂教学结构的最优化。

（4）正视局限性。多媒体的运用，使得现代课堂教学呈现出媒体多元化、信息立体化的显著特征。虽然多媒体在传播知识信息的密度、直观形象等方面确有着传统媒体无可比拟的优越性，但是任何事物都有两面性、它也有着不可与传统媒体相比拟的不足。传统的教学过程中，教师站在讲台上，以自身的言语和肢体语言的配合，以整齐的板书和有条理的讲解，循循善诱，不仅传授知识，也表现其自身的人格魅力，同时也有利于师生情感的交流。况且"一支粉笔，一张嘴，一块黑板，一本书"的传统教学模式是经历了千百年的教学实践的检验，是符合认知规律而行之有效的，更应该继承传统教学的合理因素。不要因为多媒体有不足而退避三舍，也不要因多媒体有优势而泛滥成灾、更不要因为传统媒体有缺点而弃之不用，要正确处理好二者的关系，正视其局限性、扬长避短、优势互补。

（5）要把教学资源的选取与激发学生的思考联系起来。即使是多媒体教学，真正赢得学生掌声的并不是那些炫目的、震撼的音像资源，而与传统教学一样，仍然是学生与教师之间的精彩交流，特别是学生那些充满智慧、灵性的话语。例如，一位教师在讲《乡愁》时，从电视"回家"节目中截取了余光中自己读《乡愁》的一段音像资源。通常教师在指导学生朗读时都要求学生读得通顺、流畅，但是余光中自己却读得不很通顺、流畅，似乎也没有激情，却别有一种凝重和沧桑感。这样的教学资源就能够引导学生感悟到："余光中读得有感情，是发自内心的那种感情。"为什么呢？因为漂泊。这样的教学资源才能够触及语文教学的灵魂，同样也是教这

一课时不可替代的教学资源。

（6）精心设计教学过程，以保证教学效果。在课堂教学中如要播放录音或影视图像等，不能不加任何必要的指导和反馈，而只是单纯播放。播放前、播放中、播放后要进行哪些工作，或什么时候播放什么，在哪个环节播放，以及要综合运用哪些媒体，使其有机结合，教师都要事先精心设计安排，全面考虑，恰当组合，以保证教学效果。特别是所采用的电教媒体，应是整体性、科学性、艺术性和技术性、灵活性的统一结合。

（7）支持学生主动探索精神。面对社会对人才的需求，学生的自主学习的愿望是非常强烈的，因此教师应通过多媒体辅助教学给学生提供的各种类型的教学媒体和教学资料，为学生提供良好的个别化学习环境，让他们根据自身的需要和方式、自己的学习能力去选择学习的内容和方法，调节学习的进度和难度，教师只起引导作用，这样就把媒体的选择、使用与控制的权力交给学生，提高了他们的主动探索精神，也只有这样才真正实现了因材施教。同时，通过学生选择、使用和控制媒体后的信息反馈，可以不断完善教师的多媒体辅助教学软件，强化教师使用多媒体辅助教学的积极性，这不仅有利于发挥多媒体辅助教学的互动优势，而且也有利于创造以学生为中心的学习环境。例如，在课后辅导环节，让学生自觉、主动地进入校园网站点击任课教师的主页，自主观看、学习教师设计的多媒体教学课件，提出自身学习的要求，产生课外互动教学辅导。

总之，现代化的技术必须要有现代化的思想与之相适应。教师在设计课件的时候必须要有"以学生为中心"的思想。在课件结构上，可采用模块化思想，变"线性结构"为"非线性结构"，将课件设计成学生学习的资料库。并注意增强课件的交互性及其界面的人性化，使课件流向能根据教学需要而随意调度。同时，要考虑各层次学生的接受能力和反馈情况，能力较强的教师还可适当增强课件的智能化。这样的教学才可以说是多媒体教学之精髓了。

第二节　把"听懂"当"学会"

在课堂上，我们常常会遇到以下场景：

课堂上，教师讲完一个知识点后，问学生："听懂了没有?"。学生："听懂了!"。堂上一呼，阶下百喏，教师洋洋得意，自以为学生学会了。这样的结果往往是"堂上懂"，"课下懵"。

其实，即使这样的所谓"听懂"也只是一种假象。学生智力有高低之别，思维有快慢之分，这样的听懂只是部分人懂，要真

正达到尽可能的好效果，必须让每个学生都有思考的空间，最大多数可能的懂，并非教师讲懂，而是同伴交流而理解后的懂。显然，很多像案例中的老师一样都把"听懂"当成"学会"，从而都不同程度地存在着一些误区。

（1）教师讲得清，学生就听得懂。教学过程中，教师常会遇到这样的情况：刚开始教学生的时候总感觉自己明明讲得很清楚，可学生就是听不懂。"讲"是教师传授知识的主要方式；"听"则是学生获取知识的主要渠道，教师清晰透彻且带有启发性的讲解是学生掌握知识的先决条件，然而，教师讲得清，学生却未必听得懂，往往教师讲得头头是道，学生却如坠云雾，如果教师讲课只顾自己津津有味，不顾学生的反馈信息，教师与学生的的思维则不能同步，学生只是被动地接受，毫无思考理解的余地，这样不是听不懂，便是囫囵吞枣。

（2）教师觉得简单，学生就学得容易。常常看到教师这样埋怨学生，"这么简单的题都做不出来"。殊不知，教师与学生的认识水平和接受能力存在着很大反差，就学生而言，接受新知识需要一个过程，如果用教师的水平衡量学生的能力，那么往往达不到教学效果。况且，有时教师对教材的难点不清楚，习题讲得不透彻，也会导致简单问题变为学生的难点。

（3）课堂 45 分钟讲得越多越好。力争在尽可能少的时间内解决尽可能多的问题，这是教师提高课堂教学效率的一个目标，但是，提高课堂效率，必须紧扣教材，围绕重点，充分考虑学生的实际，并不是讲得越多越好，课堂教学任务完成的好坏与否不能只看容量的大小，关键应看学生对所学知识的掌握程度和能力培养的效果。

（4）学生听懂了，所学知识就掌握了。教师在教学中常常忽视这个问题，而造成上课一听就懂，课后一做就错的现象。课堂教学中，对学生回答问题，有些教师总是想方设法使之不出一点差错，即使是一些容易产生典型错误的稍难问题，教师也有"高招"使学生按教师设计的正确方法去解决。这样就掩盖了错误的暴露以及纠错过程。

认识了误区，那么我们怎样走出误区呢?

（1）为了做到教师讲得清，学生听得懂，教师必须努力改进教学方法，精心设计教学过程，严格按"教学性与量力性相结合"的原则，把握起点，突出重点，分清难点，用事先准备好的语言，由浅入深、由易到难地将知识教给学生。在课堂的空余时间段内让学生通过主动探索后发现知识，领悟所学。同时要及时反馈信息，加强效果回应，对未听清之处给学生以二次补授的机会，及时扫清障碍，将学习上的隐患消灭在萌芽状态。

（2）在教学时，必须全面理解学生的基础与能力，低起点、多层次、高要求地施教，让学生一步一个脚印，扎扎实实学好基础知识，在学习过程中提高能力。

（3）教师应该潜心钻研教材，在明确教材系统及其主次的基础上，灵活自如地驾驭教材，凭着自己对教材的切身感受去适度地旁征博引，合理地拓宽加深知识面。宁可少些，但要精些，果断删去与主题无关的内容，切实给学生编织出一张完整的知识网络。

（4）教师在教学中，通过一两个典型的例题，让学生暴露错解，然后与学生共同分析出错误的原因，学生就能从反面吸取经验教训，迅速从错误中走出来，从而增强辨别错误的能力，同时也提高了分析问题和解决问题的能力。同时，要想少出错，教学中就应该以积极主动的态度对待错误和失败，备课时可适当从错误思路去构思，课堂上应加强对典型思路的分析，充分暴露错误的思维过程，使学生在纠错的过程中掌握正确的思维方法。

总之，"听懂"和"学会"是两个概念。听懂，只说明理解了，明白了，离会做题，完全掌握知识还有一段距离，或有一段相当大的距离。知识的掌握，能力的迁移，必须要学生亲自动手，亲自实践才能真正掌握和形成。学生没有充分的练习，只满足于听懂是远远不够的。因此，针对这种现象，教师应努力挖掘课堂教学的潜能，精心安排课堂教学结构，全面展示知识发生发展过程，并发挥学生的主体作用，充分调动学生参与教学的全过程，让学生能在探索中理解知识，掌握方法。此外，教师还要不断地阅读、思考，不断提高自身素养，并促进学生思考，和学生们交流自己的疑惑和观点。保持广泛的能力和兴趣，在课堂上求创新、在交流里求竞争、在学习中求发展、在教研上求提高，逐步达到教与学的最佳耦合。

第三节　"拖堂"是为了学生

我们先看看下面的案例：

①"快点吧，快点吧，时间快点走吧！我实在是憋不住了！"一位学生边看手表边喃喃自语。下课铃终于响了，可是数学老师却把时间住后又倒了五分钟，嘴里还说着："怎么这表又快了五分钟……"这位学生真的憋不住，但对老师说："我要去小便。"而老师却答道："等一会吧，再有五分钟就下课了。"

②下课铃声响了，但是，因为正在让学生默写单词，英语老师却置"铃声"若罔闻，继续"耗"下去，尽管学生因为下课

了而局促不安，老师仍然若无其事，直到学生把默写的单词交上来以后，这才一声令下：同学们下课了！

这是两位同学的真实故事。这个故事却突出了一个问题——拖堂。

拖堂，即教师不能按时下课，拖延下课时间的一种不正常现象。有的教师拖堂少则两三分钟，多则四五分钟，更有甚者拖至下节上课铃响。拖堂已被纳入"教学事故"，可是此现象从小学到初、高中仍然屡见不鲜。长期以来，司空见惯，许多教师对"拖堂"这一细节习以为常，认为它无伤大雅，甚至认为是对学生负责的表现。因此走入了拖堂的误区。

（1）教学课程表形同摆设。教学课程表是师生共同严格遵守的教学规程和作息制度，反映了学生身心发展的规律和要求。教师的课堂教学一旦拖堂，学生不满情绪随之而生，教学效果可想而知。另外，教师经常性的"拖堂"有损师表和校风。孔子说："其身正，不令而行；其身不正，虽令不行"，要求学生有时间观念，可老师却经常性的上课拖堂，那就会使教育效果大打折扣。

（2）拖堂是为了学生。有许多的老师认为拖堂是责任心强的一种表现，是争分夺秒灌输知识，是为学生好，因此便出现了年纪越大的老师越热衷于拖堂的怪现象。社会、家庭，包括家长、学生对教师的拖堂表示理解，甚至"包容"，在一定意义上也"纵容"了拖堂现象的增多。

（3）课堂教学安排不科学。一节课45分钟是经过多年实践总结出来的科学规律。一节课讲授多少内容，怎样安排和训练也有一定的要求。教师在备课时一定要合理安排，否则随心所欲，讲到哪算哪，就违背了教育规律。有些老师由于自身素质有欠缺，不了解《教学大纲》的重难点，或没认真备课就上课，就会没计划教学，自然就会出现拖堂的现象；有的老师上课没经验，在教学活动中，有时出现了一些意想不到的情况，以致下课时间已到而教学任务不能如期完成。而老师又不愿紧急"刹车"，于是主观上好心的老师造成了"拖堂"。

（4）部分教师心理不成熟。老师上课拖堂，是因为他要把上课没有讲完的内容全部告诉学生，根本不相信学生的理解和自学能力，只有面面俱到，教师才能放心。这足以反映部分教师心理上的不成熟。

（5）"拖堂"就可以提高教学质量。很多学校把学生的学业成绩和教师的评价、考核、奖金挂钩，不同班级的教师之间有时也会出现不正当的竞争。部分教师认为通过增加教学时间的总量即可以达到提高教学质量的效果。因此，经常"拖堂"就成为了其中的一种方式。

（6）"拖堂"已经成为一种习惯。由于性格和习惯原因，部分教师做事拖拖拉拉，时间观念不强，下课和没下课差不多，认为拖堂没什么，也就形成了一种习惯。

（7）迎合学校领导的"价值观"。按照常理，老师遵循教学规律精心授课，教学效果显著，并且不拖堂的教师才是真正的优秀教师。而现在由于一些学校部分领导价值观不正确，评价指标出现偏差，认为爱拖堂的老师敬业精神强、工作认真，经常把这些教师评上先进。既然能当先进，受到领导的器重和好评，即使辛点苦，何乐而不为呢？

除上述原因外，真正的根源有以下几种：① 教师的课堂语言表达不够精炼，担心本堂课的教学任务不能按时完成，甚至有的老师喜欢提前完成教学任务，然后有充裕的时间给学生进行大量复习以及习题练习，已达到提高学生学习成绩的目的。无论什么原因，老师们总以为延长上课时间会很有效果，但恰恰相反，因为很多学生根本没心思听课，即使勉强听下去，学习的效果也不高；② 教学中计划不周，考虑不全，不能很好的随机应变，灵活处理；③ 对于整个的课堂结构安排以及其他影响教学进程的因素，不能从全局通盘打算并加以有效控制；④ 津津乐道于个别的、琐碎的知识传授，抓不住重点；⑤ 教学主观随意，缺乏科学性。往往兴致一来，便沉溺于自己的表演之中，或旁征博引，或满堂绕，一旦自己醒悟过来，也快下课了，只好"拖堂"，尽管老师可以找出上百条理由为自己"拖堂"解脱，但是一个老师如果把"拖堂"变成了一种习惯，那么其根本所在则在于教师的教育观念落后。

因此走出这一误区，我们必须认识到以下几点：

1. 拖堂的危害。教师只有认识到拖堂所带来的危害，才能转变观念，提高教学质量。

（1）学习方面：下课铃响后，教室外边有走动声、喧哗声，因此，学生在教室里就会有松散情绪。在这种情况下，想听课的学生也不容易集中精力，不想听的学生也心飞窗外，没有心思继续听下去。老师不辞辛苦拖堂，就是要解决自己认为很重要的问题，然而在这样一种不良的课堂氛围中，几乎什么问题也解决不了。有的学生会把拖堂期间没有解决的问题带到下一节课，直接影响下堂节的有效教学时间和效率。比如，课间休息被"拖堂"占用之后，上厕所和取下一节课的学习用具总会占用下节课的时间。

（2）情感方面：学生面对经常拖堂的老师，上他们的课时就总有一种负担，甚至因为拖堂而厌恶这门学科；由于这些老师总在拖堂，学生往往不会有效地集中注意力，觉得后边还要讲，前边不一定认真参与学习；由于教师拖堂占用了学生部分甚至全部

课间休息时间，下节上课时学生心里总有一丝不快感，从而降低了学习效率。

（3）生理方面：学生经常上课，每节课多长时间已经形成一种心理定势和生理上的条件反射，下课铃声一响，就有一种自然的放松感，听课的注意力很难集中；坐的时间长了就有一种浑浑噩噩的感觉，或有点按捺不住想出去走走的想法；有时想上厕所，因拖堂而非常难受，有时大小便匆匆忙忙或来不及而非常尴尬。

（4）其他方面：① 拖堂后，值日生在快要上下堂课时才能擦黑板，其粉笔灰尘污染了教室内的空气，影响着师生的健康，特别是坐在前面的同学和上课的老师；② 拖堂打破了正常的教学时间，也影响了下一堂任课教师的上课情绪，甚至影响同一个班级任课老师之间的关系；③ 老师可以拖堂，学生就可以拖作业，老师的时间观念对学生产生了消极影响；④ 教师拖堂不利于学生的人身安全。学生到了下课时间，有许多事情要做，如果教师拖堂，学生心急如焚，下课后学生因匆忙处理事情，很容易造成人身安全事故；⑤ 老师一旦形成拖堂的习惯，教学效率就很难提高，教学效果也无法保证。

2. 上课时抓住重点难点的讲解。

其实，一节课的教学内容，只要抓住了新知识的重点难点的讲解，解决了学生接受新知识的疑难问题，再加以适当的巩固练习，一节课的教学内容可以说基本完成，没必要反反复复地讲解，毕竟，并不是每个学生都有耐心听老师讲解。即使一节课的教学内容没完成，最好还是留给下一堂课继续讲解，而不应该占用学生的课间休息时间。一些发达国家的课堂教学也不是满堂给学生灌输知识，而是在课堂上给学生解惑，学生对新知识没有了疑问，课堂教学也就完成了。无论从少年儿童身体健康成长的角度还是从接受知识的耐心来看，除了课间休息，一节课40分钟左右的设置是比较科学的。如果各科老师都习惯拖堂，学生缺乏课间休息，如此的教学方式是弊大于利的。

3. 搞好课堂设计。

作为教师，一定要备好课，绝不打无准备之仗。这就要求教师在教案上，必须写出日常的教学目标、教学进度、教学程序，标明日期。并在备课时精心推敲每个教学步骤，认真计算每个步骤所需要的教学时间，做到突出重点，环环相扣，步步紧随。在授课时做到能"一针见血"的绝不"绕圈子"，能不提问的尽量不提问。这样就能有效地保证教学环节的流畅、紧凑，避免教学环节的松垮现象，从而降低教学时间的损耗。

4. 加强对学生的纪律教育。

教师要让学生们明白课上遵守纪律，也是避免教师拖堂的有

效方法。

5. 在行动中强制执行。

听到下课铃声要立即休息。下课时尚未讲完的教学内容，这时也要服从时间。虽然这次教学计划没完成，但可以提醒自己对这类事情引起重视，以便日后改进。

6. 教师要自律，提高自身素养。

作为一名优秀教师除了应具有很高的业务素质，渊博的专业知识外，还应该是一位心理专家，及时了解学生的心态，掌握学生的思想脉搏，以不拖堂的方式解决问题，赢得学生的信任与尊敬。

7. 教师要多替学生考虑。

教师们，可以想一想，上课总嫌 45 分钟太少，讲了还想讲，学生下课了就像打仗。有的同学上厕所急得半路就拉裤子，解腰带。上完厕所，穿裤系扣，全在回教室的路上解决，那急匆匆的样子，不值得我们反思吗？

总之，教师"拖堂"严格地来说属于教学事故，有弊无利。不仅违背教学规律，增加学生负担，还不利于学生身心的健康成长。因此，要彻底根除"拖堂"现象，关键是教育思想是否能转变的问题：是走高耗低效的老路，还是提高效率向 45 分钟要质量？是加重学生负担，还是减轻学生负担？愿所有教师都能及时更新教育观念，尊重学生的自由时间，提高自身素质，主动钻研业务，更新教育观念。在联系生活、探究教法、服务学生方面，多动脑筋，使整个课堂教学设计在 45 分钟内既实现大纲教材的目标，又能符合学生的心理特点，使每个学生的素质都有不同程度的提高。

第四节　讲课时不许学生"插嘴"

我们先来看下面的案例：

李老师今年是某校高一的班主任，有一天，她正在办公室备课，"你们班的李涛，今天课堂上又插嘴了，你得好好教训他。"生物课老师没好气地冲进办公室告诉李老师。

此时，在旁边备课的社会课老师也开始对李老师抱怨说"你们班的纪律太差了，每一次上课，总有那么几个调皮的插嘴，我发火也没用。"。

李老师听后觉得很尴尬，立刻召集了全班学生开班会，把那些经常插嘴的同学通通都揪了出来，狠狠批评了一顿。

案例中的现象屡见不鲜，它反映了课堂上"学生插嘴"的现象。"学生插嘴"可能是许多老师在教学过程中常会遇到的现象。具体表现为：① 学生插老师的嘴，当教师在讲解时，学生突然给你一句意想不到的话；② 学生插同学的嘴，当同学在提出一

个问题或解决一个问题时，有的学生会无意识地把自己的想法说出来。这两种现象给很多老师带来困惑。遇到这样的情况，作为教师很多时候可能会像案例中的李老师一样，对插嘴的学生一顿批评，要不就在课堂上用眼神瞪插嘴的学生。

而仔细审视当前课堂教学的现状，看到的几乎都是这样的情景：课桌椅整齐地排列着，学生端端正正地坐在座位上，发言要先举手，并且要得到教师的"批准"，教师站在前面的讲台上，正按着原定计划滔滔不绝的时候，忽然有同学将手举起来，问一些相干或不相干的问题。对于这种"插嘴"行为，大部分老师因为怕打断了教学的思路而断然制止。长期以来，我们的课堂忽视了学生情感、想象、领悟等多方面的发展，忽视了生命的存在，我们过多地强调知识的记忆、模仿，制约了学生的嘴巴、双手、头脑，压抑了学生的主动性和创造性，最终使教学变得机械、沉闷、缺乏生命活力。使得教师成了课堂的主宰者，而课堂成为了教师的"一言堂"，从而走进了课堂教学误区。

基于上述的认识与反思，教师应当认为"插嘴"是一种普遍正常的现象，在这种形式背后，实际蕴涵着学生批判性分析的嫩芽，情不自禁发表出来的意见，往往是学生智慧火花的闪现，这是在一种没有约束、没有负担的情境中产生的，这种个性的张扬是真实的、积极的、有意义的。这说明学生们有探求知识的欲望，在思考所学的内容等。如果我们顺应思路，在具体教学中，通过一些方法激发学生"插嘴"行为就能达到意想不到的效果。

1. 让民主充满课堂，便于学生"插嘴"。

师生在人格上是完全平等的，因此营造民主、和谐的课堂氛围有助于学生的创新意识发展。教师要与学生建立起合作、友爱、民主、平等的师生关系。为此，我们把微笑带进课堂，把尊重留给学生。让学生在和谐气氛中驰骋联想、畅所欲言、相互启发、集思广益，获得更多的创造灵感。主要通过以下策略，便于学生"插嘴"。

（1）与学生约定"三允许"策略。以前的学习常规在许多方面束缚了学生的创新思维，因此教师可以采取"三允许"策略，让学生能就所学的内容大胆发表自己的看法：① 允许学生不举手回答；② 允许学生答问与答题的失误。学生答问与答题的失误是在所难免，因此，教师允许学生答问与答题的失误，并趁机进行启发、引导，帮助学生获得问题的解决，从而，可以使课堂更有交互性；③ 允许学生及时对他人提出意见与建议。即启发学生在课堂教学交互过程，对同学的回答，教师的教学情况，在有异议或更好建议时，及时地加以提出，帮助他人改善，帮助自己完善，从而培养学生的批判精神与反思意识，真正实现

教学交互中的师生互惠共长。

（2）培养学生具有挑战的勇气。教师应培养学生具有挑战的勇气和敢于向权威提出问题的勇气，教师可以大胆重组教材，为学生做表率。并经常鼓励学生给教材和教师挑错。让学生多说"为什么"；大力表扬敢于发表并坚持自己意见的学生；积极鼓励、奖励有与大家不同观点的学生；当学生出现错误时，鼓励学生再试一次。教师出现错误时，学生若能大胆指出，教师应虚心接受。总之，课堂教学中教师应该保护这种"插嘴"行为，鼓励"插嘴"，缩短师生之间的心理距离，使教师、学生在课堂教学中处于知谐的交互活动状态，以促进学生创造性地学习，促使自主学习能力的形成，使学生真正成为课堂学习的主人。

2. 设置"故错"情境，引导学生"插嘴"。

人的思维通常总是开始于疑问，开始于矛盾。因此在教师在教学中应该鼓励学生的质疑精神和求异思维，具体通过设置"故错"情境来达到引思的目的。"故错"情境不但能引起学生对某些易错的问题的重视，而且能使学生减少对教师权威的迷信程度，进而能使学生变得自信，对学习也充满热情和探索的欲望。因此，教师可在黑板故意错解，给学生制造插话的机会，让学生去发现，并及时表扬敢于质疑插话的学生，然后和学生一起找错，剖析原因，以此启迪学生的思维。

3. 创设时机，因势利导。

课堂是师生、学生之间交流思想的主要场所。因此，在课堂教学过程中，教师要充分放权，把学习的时间与空间还给学生，把"一言堂"变成学生自主学习交流与合作的"群言堂"。让学生的心灵处于自由宽松的状态，让课堂充满活力。具体包括以下几点：

（1）创设情境——给"学生插嘴"做好铺垫。苏霍姆林斯基说过："在人的心理深处，都有一种根深蒂固的需要，这就是希望自己是一个发现者、研究者、探索者，而在孩子的精神世界中这种需要特别强烈。"因而为了让学生在课堂上多"插嘴"，教师应该营造活跃和谐的课堂气氛，让他们积极思考，培养创新精神和创造能力，从而提高他们的学习能力和整体素质。这就需要教师多站在学生的角度去思考，以自己就是一位学生的角度出发，去挖掘学生大脑深处更灵活的思维。

（2）稍作等待——给学生"插嘴"留点时间。"等待"非常重要，教师要学会延迟判断，让学生自己来判断，而不是老师作为一个法官来判断，这是教师在课堂上要经常使用的一种策略。教师不要把自己知道的答案马上急于告诉学生。面对学生的"插嘴"，可以给学生一个表达的机会，一个自由发挥的时间，让学生在课堂上敢想、敢说、敢做。

（3）加以表扬——为学生"插嘴"添砖加瓦。面对学生的"插嘴"，我们不仅要认真倾听、耐心等待，而且要经常给学生表扬。因为，表扬能满足学生的情感需要，产生积极的、主动的、冲击式的学习欲望。

（4）多点宽容——让"插嘴"改变学生。有些学生不良表现较多，如迟到、旷课、打架、破坏公物等，并且经常受到老师的批评，自认为在老师眼里是"坏学生"，对自己丧失了信心，上课毫无兴趣，甚至故意"插嘴"或开小差，扰乱了课堂纪律。

总之，教师应打破传统教学中束缚学生选择的"规矩和限制"，把自由还给学生。在"遵循个性心理"的教学思想下，关注学生个性的差异，让每一位学生都有机会张扬自己的个性，展示自己的智慧与才华。并且要用发展的观点，以发展的眼光去评价学生，对学生学习的任何一个方面的进步，无论其现状何等不理想，离教育目标有多远，都应该通过评价加以肯定，鼓励学生不断进步，不断发展，通过别具匠心的方式将"插嘴"这看似教学中的"不谐之音"，经过过滤，提炼其有用的成分进行放大，使"插嘴"转化成一支美妙的插曲。

第五节　滥用课堂评价

教学评价是课堂教学的重要组成部分，决定着课堂教学的走向，影响着教学效果。在新课程改革如火如荼的今天，教学评价在课堂教学中的作用已为越来越多的教师所关注，许多教师在"一切为了学生的发展"这一新理念的倡导下，大胆实践学生评价的改革，也取得了不小的成绩，这令人欣慰。但是，在实践过程中，由于有些教师没有准确把握学生评价改革的实质，出现了一些形式主义的做法，盲目地"跟风"、追求"时髦"而陷入了误区：

（1）赏识无度的评价。或许是出于对学生发言的尊重，或许是为了体现教师的人性关怀，每当学生答对了问题，有的教师就会慷慨地拿出赏识教育的法宝，一味地为学生叫好。诚然，学生确实需要被赏识，但是，赏识过了头就未必好。试想，那些不需要付出努力就能得到的称赞，有谁会珍惜呢？如下面的案例：

有一位语文教师在讲《秋天的雨》一课时提了一个简单的问题："现在我们这边是什么季节？"，并指名学生回答，学生答对

了，那位教师便不假思索地表扬学生"你真聪明"，其余学生听了全是一脸不屑一顾的神色，有的学生甚至在小声嘀咕"这么简单，我也会"，听到同学们的议论，那名学生的脸红了，头悄悄地低了下去，此时，老师的一番好意成为伤害学生的"罪魁祸首"。

（2）滥用赞语。课堂上，为体现新课程的评价理念，许多教师深深地感受到了课堂评价语言的重要性，所以有的老师对学生的每一次发言都进行评价，还特意安排一定的教学环节让学生进行专门的评价活动，过分追求评价的量和方式。这样做就将评价形式化、功利化。也有的教师为了保护学生的积极性，提出评价以鼓励为主，出现了大量廉价的表扬，"好"声一片。请看下面的案例：

案例一：一节语文课上，老师指导学生朗读。所有学生朗读后，老师都会给予同样的表扬——"读得不错"、"读得真好"。不难发现，由于简单地将表扬理解为"保护学生""赏识教育"，这位老师的表扬失去针对性。学生感觉读得很好的地方得不到老师的肯定，感觉真正不知如何处理的地方也得不到修正；读得不好的同学还自以为读得不错，导致学生求知不深入，浅尝辄止。

案例二：某堂语文课上，一位老师让学生用"一边……一边……"造句。一位学生说："我一边吃瓜子，一边写作业。"从句子结构成分来看，这句话没有什么问题，但从教育的角度来考虑，这位学生的学习态度不端正，应该给予纠正。可老师却表扬道："你真聪明！能够把生活中的事联系到造句上来。"显然，被表扬的同学会误认为自己一边吃瓜子，一边写作业还得到了老师的表扬呢！

案例三：一位老师在政治课上请学生在书上查找一个信息。一位学生马上把手举得高高的，学生回答完了，但结果不甚理想，老师却用"你真聪明，你真会发现，你真棒！"这种矫情的表扬来赞美学生，殊不知，这样很容易使学生滋生自满情绪，不思进取。

案例中的3种现象在课堂评价中屡见不鲜。这些现象大大削弱了教学的评价导向功能，教学效果会大打折扣，甚至形成模糊的知识概念。心理学研究表明，首次表扬对学生的触动是最大的，随着表扬次数的增多，对学生的刺激程度就会减弱，其价值就会慢慢降低。随着学生年级的升高，教师口头评价对学生带来的刺激程度就会慢慢减弱。随意的激励是无法对学生起到促进作用的，而且还有可能对学生产生消极影响，造成很多学生只能听表扬，不能听批评，从而认识不到自己的缺点和不足。由此可见，教师的课堂评价语不但要注意控制"量"，更应注重"质"。

（3）盲目求异。课改的重要理念是倡导自主、合作、探究的学习方式。一些教师为了追赶时髦，一味地强调自主意识、合作精神、探究能力。于是为了一个很简单的问题，也要让学生分组讨论，似乎热闹的课堂就是学生积极性高、气氛活跃。只要讨论出了结果学生就获得"有合作探究精神""能自主学习""学习热情高"等评价。其实，教学中许多问题仍需教师点拨、学生思考才可以解决的。像这种形式主义的评价从客观上说，它严重违背了教学宗旨。

（4）课堂评价语夸大其词。许多教师怕伤害学生的学习积极性，面对学生的发言，往往在评价时夸大其词，甚至不敢或不愿指出学生的错误，不分青红皂白，一味廉价地予以表扬。如，一位教师让学生说说新学的生字中哪些地方特别容易写错，一学生找到了一个字中比较明显的易错的笔画后，教师以一句"你的眼睛真比孙悟空的火眼金睛还厉害"表扬该生，夸张至极。

上述种种现象都是课堂评价存在的误区，那么认识了误区，怎样走出误区呢？

（1）教师评价语应该灵活多样。教师在课堂评价时应随机应变，让学生爱听、想听、百听不厌，名人名言、格言警句都可以恰如其分地运用到评价语中。而教师要做到旁征博引，平时必须加强知识的积累，博览群书。有许多优秀教师非常注重锤炼课堂教学评价语，他们的评价语往往是妙语连珠，妙趣横生，让学生在受到赞誉的同时，又学习了知识，懂得了道理。

（2）加强评价的针对性。教学评价的功能不仅在于激励，更在于指路。对学生有针对性的评价才是真正着眼于学生的发展，对于学生的优点，要加以肯定；对存在的问题，同样应以委婉的语气以建议形式提出，让学生知道今后努力的方向。如，评价学生写字时，老师说："某某同学不但字写得好，而且坐姿、握笔姿势也很正确""某某同学写字有了很大进步，但你的字如果能再写得大些，就更好了！"……这样的教学评价语，既激发了学生的学习热情，又暗示了教师对他们提出的更高要求，激励学生向着更高的层次迈进。

（3）要做善意的否定性评价。学习心理学认为："学习也是学生不断尝试错误的过程。"因此，当学生的发言出现问题时，善意的否定性评价也必不可少。为了有效保护学生的学习积极性和自信心，可为否定性评价寻找一个评价支点：① 在饱含殷切期望中进行否定性评价；② 用幽默的语言进行否定评价；③ 否定性评价后要尽可能给学生以再次尝试的机会。

（4）课堂教学可适时使用延缓评价。当学生在讨论交流时，不要立即给予肯定或否定的评价，而是给予学生充分的探索新知、获取新知的时间，要鼓励和赏识学生针对学习内容发表独到

见解，促使每个学生在原有水平上都有新的发展。请看下面的案例：

一位教师教学《狐狸和乌鸦》一课时，他给了学生这样一个发散思维话题："学了这则寓言有什么收获？"有的学生说："我认为乌鸦太傻了。"有的说："我们不能像乌鸦那样爱听好话，会上当受骗。"有的说："我喜欢狐狸，因为它很聪明。"……显而易见，前两个答案是正确的，但这位老师没有马上评价谁是谁非，而是微笑着走到学生中间说："你们还有不同意见吗？"当他发现还有部分同学赞成第三种观点时，教师一愣，然后引导学生就第三种观点展开讨论，让学生知无不言，言无不尽，最后教师才评价："这只狐狸是很聪明，但聪明不能用来骗人，做坏事……"

案例中的老师在这里使用延缓评价，给了学生自由发挥的空间，使每个学生的回答都折射出个性的色彩。

（4）评价实事求是。虽然，新课标指出"对学生的日常表现，应以鼓励、表扬等积极的评价为主，采用激励性的评语，尽量从正面加以引导。"但这也有限度的，在评价上要有实事求是的科学态度，具体问题具体分析，同时也要因人而异，因事而异。对于那些学习习惯不好、学习成绩不好的后进生，每当他们表现出一点进步的迹象，哪怕是微不足道的，如，坐得端正，听讲认真，答对了一个简单问题等，都应该大力表扬，帮他们树立学习的信心；对于那些思维敏捷、学习基础好的优等生，则要慎用表扬，这样能激发他们学习的兴趣；对于表现平平、成绩一般的中等生，教师应以敏锐的目光发掘他们的闪光点适时予以肯定，唯有如此，教师的表扬才能显得"物有所值"，学生也才能加倍珍惜。

（5）重视并发挥学生自评和生生互评在评价中的作用。新课标指出"教师要引导激励学生积极主动地进行自我评价，让学生对照学习目标对自己的学习进展作出判断，既看到成绩，体验成功的快乐，也发现问题，找到不足，明确努力方向。"而"生生互评"的过程最能体现学生素质发展的过程。他们在互评中能找到别人的长处或短处，从而互相启迪，互相借鉴，共同发展。在评价他人时，学生也更好地认识了自我，这是"师生评"难以收到的效果。更主要的是这一过程不但培养了学生的评价能力，而且提高了他们的口头表达能力。

（6）学会倾听。课堂教学中的评价语言非常重要，它总是伴随着教学的始终，贯穿整个课堂。缺少激励的课堂如一潭死水，缺乏生机，嚼之无味，精妙的评价语言如疾风骤雨，能掀起阵阵波澜，课堂内生机勃勃，学生思维活跃。这就要求教师必须学会"倾听"，学会关注。能及时准确地对学生在课堂中的表现给予评

价，并且评价语的使用要把握一个"度"，在评价时注重内容翔实，有根有据，不简单地说声"好"就了事，也不简单地以"对"或"错"来判断，而应恰如其分地给予褒奖，防止评价语言苍白乏力，或者言过其实。教师要努力以真诚的语言、亲切的语调、鼓励的言辞、温和的表情、友善的微笑、期待的目光、宽容的态度来有效地调控评价的过程，促使学生的学习兴趣不断提高。

总之，真实、真挚、真情的课堂评价会促进民主的课堂气氛，有利于营造师生愉快交流的心理氛围，如果精彩的课堂如同师生的智慧共同烹调的一场"盛宴"，那艺术化的"评价"就是那佐餐中必不可少的调料，使课堂生辉，让师生回味。

第三章 师爱无度

> 师爱无言，却深沉凝重，它需要用责任和精神作依托；师爱无声，却馨香远播，它需要用汗水与泪水来浇灌；师爱无形，却有迹可循，它需要用理论与实践作支撑；师爱有度，却有情有理，它需要智慧与真情来实践。师爱永远是教育广深的根基，只有跨越师度的误区，才能真正促进学生的健康成长。

第一节 极力崇尚"赏识教育"

所谓"赏识教育"就是教育者以信任、尊重、理解、激励、宽容、提醒的心态和思维方式对被教育者实施教育，并且在教育

85

的过程中，紧紧抓住被教育者在其成长过程中表现出来的优点、进步，给予客观公正的肯定和表扬。因此，"赏识教育"是以学生学习和活动为载体，抓住教育的契机，优化课堂氛围，精心设计和组织课堂教学，使学生在教师的指导下全方位地受到赏识，并在不断获得赏识的学习过程中明确学习目的，树立自信心，勇于探索、创新，逐步完善，超越自我。

在教学中如果对学生进行赏识教育，会收到了较好的效果。但是，赏识教育也有它的局限性。赏识不当，则会走向赏识教育的歧途。因此，在实施赏识教育的过程中要警惕踏入如下的赏识误区：

（1）"赏识教育"替代"批评教育"。提到赏识，很多教师会简单地理解为"表扬"，因此常常只会重视正面的赏识激励，而忽视大胆的批评。殊不知，真正的赏识教育除了要对学生良好的言行给予赞美、鼓励和表扬，但并不意味着不做批评。针对学生言行的不当或错误，教师不能为了赏识而曲解赏识教育的真谛。比如，一个学生计算8加5的算术题，却解得12，教师如果不是指出学生的错误，反而这样表扬他："你的答案很接近正确答案。"或像有的教师那样，对做错题的学生表扬说："你错得很有价值，你给我们提供一个讨论的话题，谢谢你！"这种"只表扬，不批评"的赏识教育，不管出于何种理由，其结果恐怕只能与表扬者的初衷相反。因为错误就是错误，任何掩饰遮盖都是掩耳盗铃、自欺欺人。

（2）赏识教育重大轻小。重视大优点，轻视小进步；赏识大长处，忽视闪光点是赏识教育的另一误区。赏识教育的本质是营造和谐的氛围，在不断的享受赏识中获取愉快的情绪。因此，作为任课老师，学生只要有一点点的进步，有一点点的闪光之处，就应及时地给予肯定，要大力提倡"勿以善小而不赏"的做法。

（3）赏识无极限。过度赏识会使赏识失去意义，甚至产生副作用：学生自我意识高度膨胀、傲慢无礼或耐挫能力弱。因此，一味表扬和一味惩罚一样并不可取。同时，过度赏识也会带来压力。一个学生常常处于老师表扬的氛围中，会产生较强的心理压力，成为他继续进步的无形障碍；而且，这个学生有可能处于同学们的嫉妒排挤中，造成人际关系恶劣，形成孤僻不合群性格。

（4）赏识等于"哄骗"。有的教师认为赏识就是连哄带骗。伸出大拇指赏识学生只能表明一个态度，要真正鼓励学生则需要用心来完成。不能因为要达到某种功利目的而牵强附会、生拉硬扯地哄骗学生，这会使学生感到赏识是一种虚伪，是一种利用，失去对教师的信任。因此，赏识要有根有据，不能捕风捉影。有效的表扬必须是真诚、详细而具体的。除非你是真心实意地想要表扬学生，否则就不要去那样做。学生希望知道他们到底是因为

什么而受到表扬的。如果他们知道你认可他们的哪些行为举止，那么今后他们就会乐于重复这些行为。

综上所述，赏识教育只是若干教育方法中的一种，而绝对不是教育方法的唯一，都不可能完全适用于个性各异的所有学生。因此，赏识教育、宽容艺术，有用，而且可用，但也万万不可滥用。那么，教师如何对学生进行赏识教育，才有效呢？

（1）认识滥用赏识教育的危害：①滥用赏识会弱化学生的心理承受能力。一再地夸奖，一味地赏识，容易导致学生以自我为中心，唯我独尊，事事处处都要别人顺着自己，一旦稍不如意，往往就会沮丧、愤激、退避、敌对，甚至采取极端的行为。如，安徽有一名初一新生，为了与同学打赌"看谁是英雄"，无端撕毁了一位女同学的新发的课本，被老师批评了几句。而这名在小学受惯了"赏识"的学生，却无法接受老师的批评，一时想不开，竟服毒自杀。试想，像这样的学生，毕业离校以后，将如何面对复杂的社会群体，又如何迎接严峻的人生挑战？②滥用赏识将会弱化一部分学生的责任感和上进心。这是因为，滥用赏识的教师往往是"变着法儿夸奖，绕着弯儿表扬"。在一定的程度上，使学生们感觉到"做对做错一个样，考好考差一个样"，这样，既对某些后进生起不了什么激励作用，又使一些优秀的学生渐渐失去自豪感，乃至渐渐失去了责任感与上进心。③滥用赏识将会逐步弱化一些学生的热诚与真情，助长一种形式主义。在有些课堂教学中，教师对学生的称赞表扬之声接二连三，无论是读了几句书，还是写了几个字，无论是答了几道题，还是回了几句话，教师都几乎无一例外地翘起大拇指，称之"真好""真棒"或者赞曰"真了不起"，诸如此类，难免让人哭笑不得。

（2）允许学生犯错误，放大学生优点。教师可通过不断地鼓励，让学生树立自信心。有了自信，就离成功不远了。请看下面的案例：

李明上初三了，他是各科老师眼中的"捣蛋鬼"、"小霸王"。上课时从来不把老师放在眼里，王老师的信息课当然也不能幸免。上课时，李明不是和旁边的同学说话，就是东摸西碰，有意无意地影响其他同学。有一次上课，王老师发现李明正偷偷用QQ聊天，但同时王老师又发现李明的打字速度非常快。这时候，老师便拍拍李明的肩膀，把他叫到一边。此时的李明已经意识到自己的"违纪"行为，眼神中流露出一丝不安，但立刻又摆出一副天不怕地不怕的架势。王老师微笑着请李明坐下，避重就轻地对李明的打字速度进行了表扬。李明听到老师对自己的表扬，原本傲气的目光也渐渐变得温和起来。

这时候，王老师抚摸着李明的头，微笑着说："老师想要你给全班同学表演你的'绝技'，你看如何?"看着王老师信任的

眼神，李明答应了老师的要求。几天以后，当汉字输入测试软件显示每分钟 218 个汉字时，全班同学都被李明如此快速的输入速度惊呆了。在同学们长时间的掌声中，李明的眼神中流露出了被认可的喜悦感。此时，老师立刻号召全班同学一起对他竖起大拇指，齐声对他说："你真行，你真棒！"

经历了这样一次赏识的洗礼，李明开始发生了微妙的变化，上课也不再影响其他同学了。以后的日子里，只要他有一点进步，王老师就鼓励他、表扬他。渐渐地，李明对老师也尊重起来了，成绩慢慢得到了提高，后来多次代表学校，参加市区的电脑文字输入大赛，屡获佳绩。最后以优异的成绩考入了区重点中学。

以上案例不难看出，一个看似"无药可救"的学生，如果"赏识"得当就会起到奇妙的功效。学生每一个优点的闪现都是赏识的好机会，因此，老师要相信每位学生都有自己的长处，要有足够的自信心，相信自已有能力去改变学生，相信一分耕耘就有一分收获的真理。要让学生在赏识中体验成功，树立自信。

（3）尊重学生。心理学理论认为：人性中最本质的需求之一是渴望得到赏识，通俗地讲就是渴望被信任、被认可、被重视。尤其是正处在青少年时期的学生，自我意识大大增强，特别希望能得到别人的羡慕、好感和赞扬，渴望得到老师和其他人的尊重。请看下面的案例：

这学期初的第一节课，是六年级某班的信息课。刘老师早听说这个班在上课时的纪律并不怎么好。这天，预备铃声一响，刘老师就往六年级教室赶。还没走到，就看到学生们已经在走廊里整队了，原本嘈杂的声音，看到老师的到来也很快安静了下来。刘老师便站在队伍的面前，用赞许的目光扫视了全班每位同学，什么话也没说，微笑着竖起两个大拇指，并肯定地点了点头。就这么简单的一个动作，在以后的几周时间里，同学们每节课整队又快又安静，课堂纪律也出奇的好。

刘老师以学生比较容易接受的方式给他们一个"见面礼"，通过恰到好处的赏识缩短了师生之间的距离，融洽了师生的感情。在以后相处的日子里，学生对刘老师的好感与日俱增，他们之间无话不谈，课堂教学开展得了也十分顺利。

从此案例中我们不难发现，老师的信任、理解、赏识，能使老师更容易走进学生的心灵世界，使学生更加信赖老师，并愿意敞开心扉接近老师。而老师见到赏识后的效果，也会把自己的感情更多地到学生身上，从而激发了更大的教育热情，形成良性循环。

（4）要当"慈母"也要当"严父"。做了好事，理应受到表扬；做错了事，教师就应该让学生为自己的错误承担责任，这样

才能培养学生正确的是非观，有助于学生健康成长。儿童作家孙云晓说"没有惩罚的教育是不完整的教育，没有惩罚的教育是一种虚弱的教育，不负责任的教育。"因此，作为教育工作者，既要当"慈母"也要当"严父"。把赏识比作农民在农田里施肥，那批评就好比为庄稼除去杂草的过程，二者缺一不可。

（5）赏识有度。"严格要求学生"与"尊重爱护学生"相结合是教育工作的一条基本原则，但有些老师却往往把握不好这个"度"。他们或是走向"爱"的极端，只表扬学生的进步，不批评学生的缺点和错误，极力崇尚"赏识"教育，却忽略了现在的学生缺少的并不是赏识。家庭的过分溺爱已经使不少学生增加了依赖性，让他们失去了判断力和分辨是非的能力，而这两项恰恰是学生将来踏上社会不可缺少的能力。现在可以让他们生活在一片赞歌声中，但当他们走向社会时谁又会天天夸奖他们呢？因此，赏识失度，只会害了学生。还有的教师则走向了另一个极端，整日一脸冰霜，表情冷漠，似乎只有这样才能显示出教师的威严，才能"镇"得住学生。滥施权威，严而无度，以致使学生在内心里无法实现对教师的接纳。总之，赏识教育就是该批评是批评，该表扬时表扬，该严肃时严肃，该认真时认真，既要让学生敬畏，又能使师生相互理解、沟通。

（6）"赏识"要发自内心、要恰到好处。赏识教育并不光是说几句美丽的话，而需要对学生进行连续性地观察、了解、帮助，认真发现他们的每一次进步。另外要争取得到家长的配合，以达到家长、老师教育的一致性，共同搞好教育工作。在实施赏识教育过程中要恰到好处，不能滥用过度。赏识要正确客观地分析，要了解学生的身心需要，要了解学生心理状态，根据真实需要进行表扬、鼓励。而不能为达到某种目的而牵强地赏识，这不仅对学生本人起不到真正作用，而且会影响周围的学生，让他们感觉到赏识的虚伪性，同时失去对教师的信任度。

总之，作为教育方法之一，赏识教育有其合理性、科学性、有效性乃至必要性。作为教师要积极鼓励学生进取，以恰当的表扬，热情的关爱，宽广的心怀和持之以恒的耐心，引导学生获得最大程度的满足和实现自我。

第二节　对优等生过度表扬

我们先来看下面的案例：

李玲是个相当普通的高中女生，因为她身材、长相都比较"大众化"，而且成绩和校内活动都表现平平。高一上学期的开学一个月后，大多数学生还沉浸在考进重点中学的愉悦中，而有

"超前意识"的李玲突然开始用功了。在学校里，她没有表现地过于投入学习，下课依旧和同学聊天，只不过有时趴在桌子上睡觉，同学们包括她的同桌都没有发现李玲的这个细微变化。其实，李玲每天放学回家至少有 5 个小时花在学习上，每天晚上 12 点才睡觉，早晨不到 7 点就起床。

看着女儿学习如此刻苦，李玲的父母欣慰不已。除了一日三餐把营养跟上外，夫妇俩每天晚上连电视也不看了，爸爸看报纸，妈妈打毛衣，为李玲的学习创造最好的氛围。

一分耕耘，一分收获，相隔三周，李玲的成绩从原来全班第 37 名一下上升到全班第 10 名。老师在试卷分析课上表扬了李玲，号召大家向她学习。李玲很开心，于是她更努力了……

到了高二上学期，李玲因勤奋努力而成为全年级老师交口称赞的好学生，她的成绩也如火箭般窜到了全年级第 2 名。

当全家都沉浸在喜悦之中时，李玲却一脸愁容的找到父亲说出了自己想退学的想法。"我从高一上学期用功开始，就被一片赞美声包围。在学校，各学科的老师都把我当榜样树；在家里，你和妈妈对我关爱备至，百依百顺，逢人就夸我聪明懂事。然而赞扬越多，我感到肩上的压力就越大，我成了只进不退的报喜鸟，我无法想象如果有一天，自己重新掉到了全班中下游，世界会变成什么样，自己还有没有脸见人。我觉得自己一点也不聪明，只是比别人用功而已"李玲沮丧地对父亲说。父亲笑了："你很聪明了，你能想到提前用功。另外，用功有什么不对吗？"李玲没有回答，显然父亲不同意她退学，于是在接下来的一些日子里，李玲始终郁郁寡欢。

但是李玲的心结并没有打开，压力也更大了。高二下学期，全班同学都在老师反复的督促下认真思考起自己的未来，全班的学习氛围前所未有地好。李玲的担心也更严重了。

李玲认为，很多平时不用功的男生，只要一发力，自己就很容易被甩到后面。那样自己多难堪！一想到这里，她便开始做更多的习题，想更多的问题。以至于一些非常简单的题目，她要想半天。做数学计算题 $7x=14$，问 $x=?$ 这样超级简单的题，李玲会想，x 为什么等于 2 呢？看英语书时，突然她会盯着 pig 发呆：为什么 pig 要这样写，而不是写成 big 呢？

这些都让李玲的做题效率大大降低，当她发现自己的速度越来越慢，就更加焦虑、担心，慢慢便形成了恶性循环。她开始频繁失眠，白天听课的效率也打起了折扣。

心急如焚的父母找到李玲的班主任，班主任认为李玲过于紧张，建议她休息 2 天，于是李玲请了 3 天假。原以为可以调整一下，但李玲却老想着：我在家休息，同学们都在用功，那我不是要掉队了，回到课堂补起来就累了。

就这样，刚在家休息了 2 天的李玲又回到了学校。可令她痛苦的是，不看书惶恐，看到书和习题她却又紧张得要命。甚至出现了拿起笔来手发抖的症状。不得已，李玲向学校和父母提出，她想退学，年级第 2 让她活得太累了。

由案例我们可以看出，表扬是教师促进学生进步的一种积极有效的教育手段。它不仅可以使学生受到鼓舞，增强自信心，还可以为其他同学树立榜样，促进良好班风的形成。但如果教师过度的去表扬优等生，结果不仅起不到好的作用，甚至还会出现很多负效应。主要表现在以下几方面：

（1）过度表扬会增加优等生的心理负担。很多教师因为优秀生学习成绩好而对其身上存在的缺点视而不见，认为只要成绩好，其他的问题都可以包容，并且对优等生的学习成绩也期望过高，过分的表扬和过多的"光环"使优等生成了学生楷模和焦点，这会给他们带来无形的压力。优等生长期在这种心理压力下学生会使一些潜在的心理问题被掩盖起来，长期得不到矫正，会为他们全面健康的发展埋下隐患，造成深远的、无法弥补的负面影响。

（2）过度表扬会使优等生滋长骄傲情绪，导致学习下降。如果教师过度地对优等生进行表扬，很容易使他们滋长骄傲情绪，在成绩面前沾沾自喜，在同学面前趾高气扬，自以为是。久而久之，老师的"惯"，同学的"捧"，使他们养成了全班以"我"为中心的毛病，傲气十足，得意忘形，导致学习下降，常常会在不知不觉中失败。

（3）过度表扬会使后进生受到伤害，产生自卑的情绪。教师如果一味的对优等生进行表扬，把后进生丢在一边不闻不问，这是对后进生的一种情感的伤害，会使他们在心里感到不平衡。对优等生产生嫉妒心理，从而对老师不满，产生一种抵触情绪。后进生心里失去平衡后，还会丧失信心，产生自暴自弃的现象。给他们的生活和学习造成极大的影响。

（4）过度表扬优等生会使优等生在班级中受到孤立。教师对优等生过度地表扬，很容易让后进生的心里感到不平衡，从而表现出对优等生的仇恨，优等生和后进生之间就会产生矛盾，影响他们的学习，使这些在班级中占少数的优等生受到孤立，成为离群者。

那么如何走出这种教育误区呢？

（1）重视优秀生身心发展。优等生也是普通人，成绩好不代表心理健康。同那些后进生一样，在成长的过程中，也会有这样或那样的心理问题，也需要老师的关爱与帮助。任何漠视、忽视优等生身心发展的行为都是不妥的。教师应把每一个优等生都看做是普通的孩子，"教书"与"育人"并重，既重视优等生的学

业成绩，又重视他们品德与心理上的健康成长。

（2）要充分认识优秀生在学生群体中的特殊性。由于优等生的学习成绩优秀，使这些学生长期生活在一个充满正面评价的环境中。得到老师的宠爱和同学的羡慕，使他们在班集体中有很强的优越感。同时因为这种过分的重视和关注又使他们往往承受着更大的压力，容易形成自负、脆弱等不良性格。教师要充分认识优等生在学生群体中的这种特殊性，并根据其特殊性采取相应措施给他们以切实的帮助。

（3）帮助优等生树立正确的成才观。教师应该帮助优等生树立正确的人才观。首先，要让他们认识到，祖国未来的建设，真正需要的绝非那些"高分低能"的书呆子，而是需要全面发展的综合型人才。其次，要有针对性地开展优等生思想教育的活动。通过活动，引导优等生树立正确的人才观，调动他们自我塑造的积极性。通过坦诚的谈话，教育、帮助优等生走出"光环"误区，在和谐的气氛中得到健康的成长。

（4）抛开功利之心。首先，教师绝不能把优等生当作自己晋职升迁的台阶，一味地强调学习成绩，要让学生在学习中发下包袱，轻松应对。其次，教师要尊重学生的人格，要教会学生在纷繁复杂的世界里学会选择，选择他们自己的生活，选择他们自己的道路，选择他们自己的事业。教师要积极地帮学生树立信心、培养兴趣。

（5）做好优等生的纠错工作。对于优等生教师要做到该批评时要批评，该教育时要教育。有的教师对优等生宠爱有加，就是错了也迁就；而对于后进生，一有错就小题大做，动不动告诉家长，长此以往，优等生洋洋自得，后进生内心不服。

其实，教师要知道优等生更需要教师适当的批评，这样有利于学生的成长。对优等生的教育要讲究技巧，不仅要"狠得下心"批评，也要给予适当、适时、适量、适度的惩罚，尤其不能无原则地迁就或放任不管，那样不利于优等生的进步。

第三节　"严"师一定出高徒

请看下面的案例：

8 年前，王刚因为上课爱接小茬，调皮好动，爱开玩笑，课外爱踢足球而成为上海某中学一个"后进生"，经常被老师训斥、责骂。甚至因为他的"屡教不改"而最终被班主任安排到一个人坐在教室里的最后一排。无奈之下王刚只能赴美读书；8 年后，王刚成了全美动画比赛个人组冠军，并被老师表扬为"天才"。

一个被国内老师视为后进生的孩子，却被美国老师表扬为"天才"。这种截然不同的评价与其说让我们看到王刚的另一闪光面，更不如说是对我国育人理念的莫大讽刺，也注定留给我们教育工作者一个深刻的反思：中国教育何时不再泯灭学生个性？好动、思维活跃、迷恋运动何时不再被视为学生的"缺点"？

科学家曾做过一个有趣的科学实验：把跳蚤放在桌子上，一拍桌子，跳蚤迅速跳起，高度均在其身高的100倍以上。后来，科学家们在跳蚤的头上罩一个玻璃罩，再让它跳，这一次跳蚤碰到了玻璃罩，连续多次后，跳蚤改变了起跳高度以适应环境。接下来，科学家们逐渐改变玻璃罩的高度，跳蚤都在碰壁后主动改变自己跳跃的高度。最后，玻璃罩接近桌面，跳蚤已无法再跳了。于是，科学家们把玻璃罩打开，再拍桌子，跳蚤仍然不会跳，变成"爬蚤"了。

其实，跳蚤变成了"爬蚤"，并非跳蚤已经失去了本来的跳跃能力，而是因为它们在一次次"碰壁"受挫后开始学乖了，甚至开始从下意识中学会委曲求"安"了。然而可悲的是，实际上玻璃罩已经不存在了，但跳蚤就连再试一次的勇气都没有了。

案例中的王刚，他最初的本性何尝不像一只生性活泼好动的

"跳蚤"。但调皮好动，甚至有些叛逆的性格，遭到老师的责骂和打击。用王刚的话说："当时总觉得班级是分等级的，我始终是差生。"可以推想，如果不是美国老师揭开了王刚头上的"玻璃罩"，这个个性鲜明、思维活跃甚至还有些桀骜不驯的学生，肯定会如同屡次遭到屏蔽的跳蚤那样，因为压抑沉闷的环境而消极沉沦，甚至一蹶不振。

当然，王刚在美国的学业成功案例，并不能说明我国教育一无是处，同样也不能说明美国教育就完美无憾。但作为教师我们必须意识到甚至承认，我们对后进生的偏见，而压抑了他们了天赋和潜力，不正如同那个限制跳蚤跳跃的玻璃罩子吗？

国内的"后进后"成了国外的"天才学生"，这个案例在给我们的教育者留下羞涩思考的同时，也让我们开始重新审视自己的教育工作，是否存在以下误区呢？

（1）严师一定出高徒。但有些教师奉行"严师一定出高徒"，对后进生只一味地强调严格要求，不去主动与后进生接触，了解他们在生活上、学习上的困难，不去掌握他们的思想动态，不能成为后进生的知心朋友，结果，师生之间的距离越严越远，甚至出现学生顶撞老师的现象。为师之严，须严中有爱，若只严不爱，严就变为了压，其最终结果是后进生无法理解教师良苦用心，总认为教师在有意跟他过不去而

产生逆反情绪。

（2）罚而不教。在对后进生违反了校纪校规时，有些教师认为惩罚见效快，不是细心去教导而是简单地进行惩罚：一是语言惩罚，如学生答不出简单的问题就说"你父母一定是近亲结婚"，后进生屡犯错误就说"你根本不是读书的料"，"下次还这样，我一定给你处分"等等。二是劳动惩罚，如拖欠作业罚打扫教室，上课迟到罚冲厕所等。三是金钱惩罚，如迟到一次罚五角，旷课一节罚一元等。这样以惩罚代替教育，不但对后进生的转化收效甚微，反而会产生很大的负面影响：语言惩罚的冷嘲热讽、威胁恐吓会严重伤害学生的自尊心，使其心灵受到创伤；劳动惩罚则会改变学生的劳动观念，劳动在他们心中不再是崇高光荣的；金钱惩罚会使学生形成"金钱万能"的观念。

（3）抑而不扬。因为后进生一般成绩较差，纪律观念不强，往往是班主任、任课教师的重点注意对象，有些教师认为对后进生批评鞭策见效快，总喜欢将他们作为反面材料对学生进行教育，点名批评，指责教训，对后进生的表扬和鼓励却非常吝啬。长此以往，后进生会觉得努力了还是没有进步，因而情绪低落，甚至自暴自弃。

（4）堵而不疏。有些教师对后进生往往喜欢定制度，或要求后进生写保证书，即规定他们应该怎样不应该怎样，认为这样效果好。其实这种方法是一种典型的"堵"，其结果是治标不治本，不能从根本上解决问题，最后是学生屡禁屡犯，教师感叹"朽木不可雕也"。其实许多后进生并不是不记得纪律制度，而总是不自觉犯错，对后进生应知其心然后救其失。

在传统的教学过程中，教师对待后进生的方法除了上述几种情况外，有的老师甚至要学生把家长请到学校来。教师这样做多数都是因为"恨铁不成钢"，对他们这么浪费自己的学习机会感到痛心，更为他们带坏班级风气而感到气愤。显然教师并没有真正地冷静、理性地对待"后进生"并没有认真地思考过自己的行为可能产生的后果。毋庸置疑，任何一种方式对待后进生的教师的出发点都是好的，但是教师的表达方式并不能让后进生接受，结果教师总是会觉得自己"吃力不讨好"，学生觉得"老师跟自己过不去"。可见，教师在感情冲动的支配下，很难公平的对待每一个后进生。进而，教师和后进生之间的矛盾对立越发严重，师生关系逐渐恶化。加剧了后进生的厌学情绪，这对后进生的身心发展极为不利。但是必须承认，教师具有不可推卸的责任。因此作为教育工作者，我们必须走出这一教育误区，为后进生的健康成长创造一个良好的环境。想要达到这一目标，不妨尝试以下几种方法：

（1）转变观念，一视同仁。在传统的教学过程中，教师大都

喜欢学习优良的学生，并且大部分精力都集中在这些学生的身上，歧视后进生，从而对他们漠不关心，造成了这部分学生的自卑倾向，因此在班级中，有几个孩子总受到表扬，几个孩子老挨批评，结果造成同学间不公平的倾斜现象。对待学生，无论他是出于干部权贵之家或平民百姓之家，无论他是品学兼优得好学生或是令人头疼的后进生，均应一视同仁，爱的公正，爱的让学生信服。老师也是人，偏爱乃至偏心是人之常情，但需要不时的反思自己。其实，每个学生都有自己的闪光点，他们都想得到老师的肯定。法国教育家卢梭曾经说过："赞扬学生微小的进步，要比嘲笑其显著的劣迹高明得多"。因此我们要善待每一个学生，在我们眼中学生无贵贱之分，就像我们的五指，尽管长短不一，但各有用途。因此，作为教师要转变观念，对每个学生当成自己的孩子来爱。

（2）正确评价"后进生"。哪怕是后进生，也不愿意别人总说他"不行"。后进生之所以落后，是因为他在某一个阶段的不足确实比学习成绩好的学生要多。许多时候，一些后进生在开始落后的时候没有重视自己的差距，觉得与优等生差距不大，自己稍加努力就可以追上；同时也忽视了自己在能力方面的一些差距。等到与优等生之间的差距落得很大的时候才开始警觉。此时，他们并不是完全丧失了弥补自己的差距的能力，而是因为看到落后了太多，觉到无论再怎么追也追不上了，所以完全丧失了学习的信心，导致差距越来越大，自己也越来越落后。下面请看一段小故事：

一个女孩初学唱歌，别人说她的声音非常难听，根本不可能成功，因此女孩每次总是找一个非常僻静的地方，怀着非常自卑的心情在练习。不久，女孩发现，每次当她唱完的时候，旁边坐着一位老人总是在用赞赏的目光给她以热情的鼓励，这种鼓励，使得女孩认识到了自己的声音并不难听，还是能够得到别人的夸奖。久而久之，姑娘在老人的鼓励之下逐步确立了自信，最终成长为一个歌唱家。当这位姑娘来到当初练声的地方，想对那位给自己以自信的老人表示感谢的时候，人们告诉她：老人已经过世了，同时还告诉她，那是一位耳聋的老人——为了鼓励女孩成功，长期以来，老人一直都在装作"听得见"，一直在做出非常欣赏女孩声音的样子。

爱尔维修曾经说过："即使是普通的孩子，只要教育得法，也会成为不平凡的人"。所以，教师对于自己暂时落后的学生，更要保持信任、尊重、理解、宽容的态度，采用的教育方式也应该多为暗示、提醒、激励、督促。

（3）委托责任。教师可以有意识地安排一些事情让某个后进生去做，使其感受到教师的信任和关心，感受到自己的尊严和价

值，体会到成功的喜悦。让后进生在完成老师安排的事情过程中，逐渐改变对老师的敌意态度，改掉自己的坏习惯，从而产生教育效果。

（4）尊重后进生的人格。自尊心是人的自我意识的重要标志之一，教师应当尊重、信任后进生，逐步消除他们的疑虑。因为学习不好或纪律差，长期受到教师和同学的冷落、歧视，使他们一般都很心虚，对外界极敏感，外表虽套有一层硬壳，但在内心深处仍渴望得到老师和同学的理解、谅解和信任。因此，教师要尊重后进生的人格，引导他们走出心理误区。

（5）激发兴趣，树立信心。"兴趣是最好的老师"因此在教学中，教师要用良好的教学设计来激发他们的学习兴趣，创造一种利于激发学生内驱力的环境氛围，帮助他们改进学习方法，提高学习效率。在后进生通过努力取得成绩时既要立即肯定，对他们进行表扬，又要提出新的目标。后进生虽然有很多不足之处，但即使再差的学生也总有某方面的特长或优势，教师要善于捕捉他们身上的闪光点，抓住每一次的闪光点，适时地加以表扬。在班级工作中不要把后进生排除在外，可有意安排一些适合他们干的工作，更可以让一些取得进步的后进生介绍经验，发挥作用，让他们看到希望，激发进步的内在潜力，确立起不断进步的信心。

总之，教师所面对的学生无论是性格、成绩还是智力都是各不相同的。有的学生接受能力强，很快就能接受并消化老师所传授的知识；而有的学生基础差，或者反应较慢，接受知识就相对滞后。对于后进生，教师应该"因材施教"，帮助他们克服学习上的不良习惯，提高他们学习的积极性，增强他们对学业的信心。并以高度的责任心帮助教育他们，对他们倾注更多的关心和热爱。取得他们的尊敬和信任，才能"亲其师而信其道"。

第四节　有了爱，就有了教育

先看下面的案例：

2000 年 6 月《人民教育》报刊登了题为"一位模范教师的悲哀"一篇文章，文章写道：陈老师是北京某中学的一名模范教师，他每天早出晚归，一心扑在工作上，班里的每个学生都装在他的心里，班里的每件事他都认真处理。可是有一天他收到学生这样一封信："老师啊老师，您真是辛苦极了。当我们看到您这些时，我们不知道跟您说些什么，因为您所付出的和您所得到的没有成正比，同学们都不喜欢您，只是觉得您很可怜……希望您

107

尽快想想这是为什么？"

像案例里的陈老师这样整日将学生的一切放在心上，像老黄牛一样忙碌耕耘的教师，我们身边有太多太多，可换来的却是学生的不理解和自己日渐苍老的身影，因此教师们常常发出"恨铁不成钢"的感慨。究其原因，还是因为这些老师们没有注意爱的方法和艺术从而走进了师爱的误区。主要表现在以下几点：

（1）苛刻的爱。有些教师具有强烈的事业心和责任感，把"培育国家之栋梁"、"不误人子弟"当作自己的工作信条，将对学生的爱转化为对学生的严格要求。学生稍有错误就严加责罚，其出发点是为了让学生养成良好的行为习惯。但有时候在教师严厉的训斥下，学生要么麻木漠然，要么产生逆反心理，其教育效果反而不能达到。

（2）溺爱。有些教师对学生的情感近似于溺爱，他们对学生缺乏严格要求和基本期待，事事包办代替，从不轻易放手。对于这种爱，不同年龄、见识的学生看法就有别。年龄稍小的学生认为这是老师对他们最好的关心和爱护，而见识稍多、年龄稍大的学生会想，老师一点也不给他们锻炼的机会，是对他们能力的剥夺。因此，溺爱在初期往往易被表面的和谐的师生关系的面纱所遮掩。但时间一长，问题就会逐渐暴露出来，情况比那种没有情感投入的严厉管教更糟。教师的溺爱有以下几种表现：① 与学生关系处得过近。有些教师，特别是年轻教师，过分淡化了师生距离，与学生打成一片。这使得得教师在学生心目中毫无威信。这种师生关系在学生不出问题时还好说，一旦学生有违规违纪现象，教师批评时，学生便难以接受，并可能由此造成抵触情绪；② 不注意细节问题的处理。一些教师往往把做操、扫地之类的事情看成是小事，认为学生除了学习其他都不重要，因此放纵了学生在这些方面的违纪行为。然而，正是这些小问题影响了班集体建设，自由散漫的风气得以滋长；③赏罚不分明。该批评的不批评，该表扬的不表扬，对遵守纪律的学生的积极性是一个打击，对违反校纪校规学生则是一种纵容。

（3）假爱。这种爱披着师爱的外衣，比如上课时学生向教师问好后，有的教师只是礼节性地点点头，而不是充满真挚情感的鞠躬还礼。学生生了病也只是随便问问，以示关心，却不是真心实意地关心学生，解决学生的实际问题。有一部分教师对某些学生、特别是后进生的爱，往往不是真情实感的流露，而仅仅是为了追求某种教育效果而故作高姿态的"平易近人"。

（4）偏爱。所谓偏爱，即对学生不能一视同仁，有所偏重，喜欢一部分学生，不大喜欢或厌弃另一部分学生。其表现是，喜欢学习好、有特长的学生，而不大喜欢学习和能力一般的学生；

喜欢听话、顺从的学生，而不大喜欢顽皮淘气的学生；喜欢与自己有特殊关系的学生，而不大关心与自己关系一般的学生，等等。产生偏爱的原因，大致有以下几点：① 由教师个人的个性、兴趣所致。有的教师生性活泼开朗，一般就喜欢活泼开朗的学生；有的教师爱好体育运动，也就特别看重体育尖子，等等；② 由教师的思想方法所决定。有的教师看问题方法比较绝对、片面，把某个学生看成"一枝花"，而把另外某个学生看成"豆腐渣"，从而产生偏爱；③ 与教师工作是否有利相关。一些学生干部常为教师排忧解难，是教师的好帮手；而一些后进生却常惹是生非，给教师添麻烦，于是，教师喜恶有别；④ 取决于教师的思想觉悟。有的学生家长给了教师一点好处，或教师与家长交往甚密，就对其子女厚爱和特殊关照，而对其同样他需要爱护和关照的学生却不予理会等。

　　偏爱不论什么原因所致，在教育上所带来的后果是严重的。一是，教师失去了学生的信任，至少失去了一部分学生的信任，威信丧失，致使教师很难施教；二是，造成班集体的裂痕。学生被教师人为地划分为被信任的和不信任的两部分，被教师厚爱的学生和被教师冷落的学生之间互存戒心或敌意，不易形成团结友爱的集体；三是，一部分不被教师信任的学生，可能产生自卑或逆反心理；而被教师偏袒和赏识的学生，又极容易产生优越感，自高自大，个别的甚至养成逢迎教师、看教师脸色行事等不良习气。

（3）私爱。私爱是一种掺杂着私心的"爱"。从表面看，教师也关心和照顾一些学生，但这种关心和照顾，是有条件的，有个人目的的。私爱的表现有两种：一是把学生当成自己的"私有物"，自己可以任意摆弄，就是不让其他教师插手管理，尤其是不能指出学生中的问题；二是与自己的私利联在一起。关心照顾个别学生，是为了得到某种好处或作为某种交换的条件。私爱的影响很坏，因为实际上已谈不上"爱"而是"害"了。一部分学生从教师的所作所为中看到了问题，表示不满，有损教师形象；一部分学生则受其影响，为了获取教师的欢心，竭力逢迎。如，在一次教师节的晚会上，有位老师公开表扬了一个学生给他送挂历的事，结果一下子收到学生送来的30多件不同礼物。可见，这种包藏着私心的"爱"其害有多么大！

作为教师有时候会常常埋怨："怎么我们付出那么多的关怀、那么多的爱心，我们的学生仍不懂礼貌、不尊敬老师、冷漠自私，一点也不理解班主任的一番苦心呢?"，那么，作为教师，我们该如何处理好教育中严与爱的关系，不陷入师爱的误区呢？

（1）明确师爱的内涵。师爱是平凡而伟大的，是教师发自内心由衷的热情，是一种自我牺牲的道德情感，是教育能

否成功的关键。师爱又是对学生成长全方位、全过程殷切的关爱和呵护。

马卡连柯在概括"师爱"的本质时用了一个极其简单的公式："要尽量多地要求一个人，也要尽可能多地尊重一个人。"马卡连柯的话告诉我们：爱是有原则的，尊重与要求并重。而我们现在的教育过分地强调教师与学生的平等、教师对学生的尊重、教师对学生的赏识。殊不知，没有原则的尊重就是放任。比如学生做错事，只是轻描淡写地说一句"下次注意"，会让学生误以为"原来做错事没什么大不了"。适度的惩罚也是爱的表现。"赏识"是现在炙手可热的一个名词，而过度的、流于形式的、表面的赏识，不仅容易导致学生的自我中心、自我膨胀、自我封闭和盲目的优越感，而且不利于学生自主意识和独立人格的形成。被赏识重重包围的学生会变得自负和脆弱。因此，对学生的赏识要有原则，这一原则的核心是：只赞美他的努力和成就，而且赞美要具体。赞美越具体，学生越容易明白哪些是好的行为，越容易找准努力的方向。

（2）关心了解学生。只有在全面了解学生的基础上，才能做到更好地关心学生。特级教师斯霞说过："爱学生，就必须了解学生。"她每接一个班，首先是普遍进行一次家访，平时也尽量挤出时间走家串户，了解学生在家的表现及家庭对学生的影响，了解学生的内心世界，了解学生的性格特征和兴趣爱好。哪个学生情绪反常，哪个学生不按时回家了……她都能及时掌握，然后再有针对性地进行关心。

（3）严是教育的必要手段。我们说，师爱很重要，但是这并不等于是溺爱。现在有些教师觉得，严格好像与爱心教育不相称了，应该去掉。但是在教育教学过程中，严格是必要的教育手段。它不会与教师对学生的温和态度构成矛盾，不与教师上课时谈笑风生构成矛盾。反而，却是一种爱护学生的具体表现。

（4）严要有方。"严"并非苛刻、死板、固执己见，而要从学生的根本利益出发，对学生的不良思想和行为倾向进行正确、严格的教育和引导。严要有度，严要有方，严要有恒。赵老师在初接一个班时，据老师们反映这个班的学生一上课就要上厕所，而且一个接一个。赵老师觉得这是学生缺乏规范意识，于是告诉便学生"下课是休息和上厕所的时间，上课上厕所既影响自己又影响别人听课。我会给一个星期让大家适应上课不上厕所，一星期后就不能提出上课时去厕所了。到了规定时间后，如果不是特殊情况就坚决不同意有同学上课上厕所了。"后来，这些学生的坏习惯也渐渐改掉了。因此，"严"也是"爱"的一种表现。

（5）把握爱与严之间的分寸。教师在工作中一味的严，学生往往会反感，甚至产生对立情绪；一味的爱，学生不但不会被感动，反而会使整个班级管理一团糟。因此，要正确地把握爱与严的分寸：对待犯了错误的学生，在坚持原则、严格要求的前提下，在时间、条件、态度处理等具体环节上，可酌情灵活掌握；对学生所犯的错误，不要急于定性了结；教师应保持和善、冷静的态度，给学生以关爱，让他们认识到自己的错误。简单生硬、挖苦刻薄，会拉开师生距离的。只有把爱与严有机结合起来，让赏识教育与惩戒教育有机结合起来，才能给学生较强的约束力的同时又让他们感受到教师的关爱，才能促使学生进步培养师生情感。因此，为了保证教育的有效性和教育工作的有序展开，必须将爱护学生和严格要求学生二者有机结合，并把握好爱与严之间的分寸。

（6）公平对待学生。教师对学生的爱是无选择的。热爱学生，必须对学生一视同仁，平等对待，不能掺杂任何偏见，应把自己的爱倾注到每一个学生身上。不论学生是男是女，长得俊丑，成绩好坏，是听话还是淘气，是领导干部子女还是普通家庭的子女，都要一样爱他们，甚至连家长不抱希望的学生也得爱起来。决不能有亲有疏、有远有近，绝不能把眼睛只盯在几个优等生身上加以偏爱，而对成绩差的学生则冷眼相待，甚至对他们施加压力，驱赶他们出校门，这是一种不道德的行为。教师应力求做到，使每一个学生都感到自己付出的努力能得到公平评价，使他们轻松愉快地融合在班集体之中。应该知道"好"与"差"是相对的，每个学生都好比一粒种子，都有发芽、开花、结果的可能性。只是有的发育得早，有的发育得晚，有的枝上挂果，有的根上结实，有的可能作为栋梁之材，有的可以做药用之材，而有的则以自己的芳香和姿色美化着人们的生活。各有各的特点，各有各的用途。因此，对于他们，需要的是沿不同角度，以不同的方法，用不同的规律去开发。后进生只是暂时掉了队，他们同样是祖国的花朵，同样值得我们去爱。

此外，师爱的传导还有一定的方法，但无定法，一切要因人、因事、因时及因条件和环境而异。湖北省武汉市教科所王莲老师将实践中一些有经验的教师所采用的方法，归纳起来有以下6种：

（1）语言表达法。语言表达法即用语言表达教师之爱。教师在说话时，用词的选择、语调的高低、语频的快慢、语气的柔硬，以及手势、表情和眼神，都可以传导师爱。比如一个学生因犯了错误受到校长的批评而非常难过："一个人犯了错误不要紧，就怕不认识、不改正。某某同学今天的认识很深刻，很有诚意，我们相信他一定会以实际行动改正错误，我提议为他的进步鼓

掌！"全班同学立刻报以热烈的掌声！这位教师的几句话，就像一剂"兴奋剂"一下子给那个垂头丧气又犯了错误的学生提了"神"。

（2）"投其所好"法。"投其所好"法即教师和学生来一个"心理换位"，站在学生的位置上，想学生所想、乐学生所乐，去发现学生所好、尊重其所好，然后来一个"投其所好"。如在小学里，男孩子们喜欢玩弹弓，高兴起来还要把同学当鞭子射。教师来一个"投其所好"，把小弹弓手们组织起来来搞射击比赛，同时做出若干规定，如上课不玩弹弓，不准对路人和同学射击等，凡在比赛中获胜并遵守玩弹弓规则者给奖，就把孩子的游戏引上了正道。这种表达师爱的方式，更易为学生所接受。再如某中学一个班的女生因追求服饰美，打扮越来越奇、越来越怪，班主任理解少女们正值青春时期的爱美心理，没有责备，也没有简单制止，同样也来一个"投其所好"，他组织了一次服装美竞赛，由每位女学生穿上自己认为最美的服装参赛。经评选，几位服装朴素大方、款式新颖、充满青春活力的参赛者获奖。而那种以奇为美、缺乏学生特点的服装则被淘汰，全班对服装美的鉴赏力大大提高了一步。教师的一片爱心也就巧妙地寓于其中了。

（3）行动感召法。行动感召法即教师以自己的行动表明对学生的爱，以使他们受到感召。一位全校人人都知晓的差生，新接班的班主任在开学第一天点名时，他以一种挑衅的眼睛瞪着班主任，但当班主任宣布值日生名单，再次点到了他的名字时，他猛地张大了嘴，睁大了眼睛，但不是挑衅的目光，却是迷惑的眼神，接着不好意思地低下头来，显出一副难为情的样子。下课后，班主任找到了他，耐心地告诉他值日生的职责，勉励他把值日生作好。他从教师一串行动中体验到了对他的信任和尊重，后来干值日时特别卖劲各方面也有较大进步。学生的眼睛是最敏锐的，他们的心也是很敏感的，教师们对他们的爱是真是假，一切都要在行动中体现出来，所以行动感召法是一种传导师爱的好方法。

（4）排忧解难法。一个人若碰到困难而得到帮助，身处"逆境"而得到关心，往往会在心灵里留下很深的记忆，甚至终生难忘。学生也有各式各样的困难，也有处于"逆境"的时候，此时，他们对爱的渴求更甚。如果教师不失时机地将爱无私地奉献，他们将会铭记终生。学生中的"忧"和"难"多种多样，有学习上的：某一门功课上不去，或因病因事掉了课和考试失误而焦急等；有思想上的：为未评上"三好生"、未入上团而苦恼，或因犯错误挨批评受处分而难过等；有身体上的：身体有某种残疾或缺陷被人嘲笑，或因患某种慢性病而烦恼等；有生活上的：

如丢失了学费或衣物，家庭有了不幸等；还有人际关系上的：如经常受某同学的欺负，在同学中比较孤立，为失去好朋友而伤心，在某件事上被同学误解而十分委屈等等。看准了学生中的"忧"和"难"，急学生所急、忧学生所优，脚踏实地的为学生排忧解难，或给以思想上的开导和鼓励或采取措施创造必要的条件，具体加以解决，这都将使学生感受师爱的温暖，以扬起他们前进的风帆。

（5）曲线传导法。在某种特定的情况下，爱生之情可不直接表露，而是通过他人做曲线传导。由于某些原因，有的学生对教师一时产生了误解：或认为教师偏心、不公平；或认为教师存心和自己过不去；或因教师在同学面前揭了自己的短而心怀怨恨等，师生间在感情上暂时"断流"。教师如若直接与之对话效果不一定好。这时可以让学生中的干部、该生的好朋友和家长作为传导师爱的媒介，如在小干部会上给该生吹吹风，在该生的好朋友面前表述自己的诚意和希望，并示意作传达；家访时多谈优点和进步，使该生体会到教师的好心。这样做，往往能缓和气氛，最后消除误解，增进师生情谊。

（6）主动接触法。即教师主动和学生打成一片，在和学生共同生活、共同劳动、共同娱乐中，建立和架起感情的桥梁。人们的感情是靠彼此熟悉、了解而建立起来的，师生间也是一样。教师只在上课时和学生见面，是断然难以建立，只有与学生充分地接触和了解，彼此间才能互相理解而加深情感。

接触了解学生，首先，要有一个正确的态度，只有放下架子以平等的态度对待他们，才可能成为"忘年之交"；其次，要善于抓住学生的"兴奋点"、谈论的"热门问题"和他们感兴趣的活动，主动参与，以此作为契机传导师爱。

学生在静态下，其个性、思想和品德面貌不易表露，可在动态中，特别在各种竞赛游戏和娱乐活动中，他们的才智、个性往往能较为充分地显露出来，思想感情也会自然流露出来。许多教师正是在与学生打成一片掌握第一手材料、了解最真实的信息，然后将教师的爱与期待传导给学生，收到了很好的效果，所以主动接触学生是师爱传导的最基本的方法之一。

总之，师爱是教师在与学生交往的过程中逐渐形成并成熟起来的。因此，教师应在实践中培养师爱，真正做到管如严父，爱如慈母，导如朋友，把爱洒向全体学生，让每个学生都感到处处充满爱。

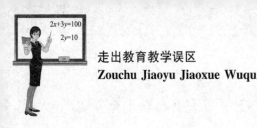

第四章　家校合作走入误区

　　苏霍姆林斯基说:"教育的效果取决于学校和家庭教育影响的一致性。如果没有这种一致性,那么学校的教学和教育过程中会像纸铸的房子一样倒塌下来。"可见,家庭教育影响着孩子的一生,而学校的教育离不开家庭教育的支持,家校合作已成为成功教育的必由之路,但由于这样或那样的原因,家庭教育与学校教育之间存在着某种不和谐,这其中的许多误区都等着我们教育工作者去沟通、去解决。只有这样才能够创设出适合学生健康、和谐的发展环境。

第一节　家长会变成"训话会"

开家长会的目的本来是让家长对教学工作有知情权和参与权。对教学改革、管理模式起到一定的促进作用。可有不少学生说，每次开完家长会后因为自己成绩不理想或表现不好受到父母的责骂，甚至挨打。还有一些考试后的家长会，发布成绩排名。孩子成绩好，家长喜上眉梢；孩子成绩不好，家长愁眉苦脸。有的家长看了老师的脸色，回来就打骂孩子。家长会变成了"训话会"。

我们先看下面三段话：

张晓（家长）：我参加过很多次家长会，都觉得收获不大，流于形式的太多了。我想了解孩子的具体情况，但学校讲的不是这些。有一次家长会，居然是整个年级的家长都坐到操场，由年级负责老师作整体情况通告，然后介绍如何让孩子参加爱好班。

李小美（学生）：以前，每次看到爸爸去开家长会，我心里就七上八下的，不知道老师会说什么，很怕自己表现不好的事情被爸爸知道。有时甚至想偷听一下，看看老师和爸爸是怎样看待

我的。有一次考后爸爸开家长会回来，脸上阴沉沉的，饭桌上一言不发。我知道那是因为我考得不好。当时我的心里难过极了。这次成绩虽然不好，可我的确认真学习了，为什么大人就看不到我的努力呢？

王曼（学生）：一次，爸爸从学校开完家长会，回到家就给了我一个耳光，从此以后我就特别讨厌跟爸爸告状的班主任。

从上面的几段话中，我们可以看出家长会在一些学校已经变了味儿。家长会作为学校、家庭教育者双方相互交流教育思想、共同寻找教育方法的重要途径，越来越被教师和学生家长所重视。然而一些班主任和中队辅导员，由于经验不足，致使家长会在以下误区中徘徊。

（1）家长会过于"盲目"。具体表现有两点：① 老师仅是为了完成学校规定的每学期召开几次家长会的任务，或是凑热闹，见同年级其他班开家长会，怕别人说自己工作被动而随着开；② 在每次家长会上，老师漫无目的、面面俱到地讲那些杂乱琐碎的问题，眉毛胡子一把抓，始终没有个中心议题。这样的家长会，因其盲目性而导致不深入、不切合实际，既浪费了大家的时间和精力，也达不到教育的目的。

（2）家长不能到场体罚学生。在召开家长会时，有的教师让学生通知家长，如家长不能按时到场，就拿学生示问，甚至罚站、罚款。有个学校的学生家长因路途遥远，距学校几十里，不能参加，老师就罚该生围操场跑步。

（3）家长会上教师演"独角戏"。在家长会上，不设圆桌设主席台，校方领导坐在上面，分管领导讲完班主任讲，班主任讲完代课教师讲。家长只有洗耳恭听，根本没有插嘴发言的机会。家长会成为教师传达心声的"独角戏"。家长成了听众、配角。

（4）家长会开成了"训话会"。在众多类型的家长会中，最普遍的就是"训人型"家长会。有的老师一旦发现学生考试分数不高，影响了自己工作考评成绩，便勃然大怒，冲学生发火还不罢休，还要在家长会上，对那些学习差的学生反复点名，再三强调、批评，诸如：家庭辅导跟不上了，孩子的学习习惯不好了，家长素质需要提高了，家庭环境有问题了，等等。老师毫不客气地指责、训斥家长的失职，好像学生考不好完全是家长的责任，有的家长不敢去开家长会，甚至一见到老师就害怕。有的学生成绩不好或违反纪律，老师却"拿不住沙僧拿八戒"，家长代子受过，成了受训的对象，充当丑角。许多家长鉴于把孩子交给了学校，大话不敢讲，唯恐得罪老师，撒手不管，只好信奉"严是爱，松是害"的老俗语。没有兴致再向学校掏心里话。

（5）家长会上报告成绩。有的老师开家长会的主要目的，就是跟家长汇报学生的学习成绩，以取得学生家长的积极配合。于是在家长会上，便向家长宣读每个学生本次考分、上次考分、进步幅度和其在班内同学中所排的名次等。这样全班六七十名学生，每个学生都有四五项数字需公布，少说也得半个小时。殊不知家长们只需运用不到 10 秒的时间集中注意力听自己孩子的几项分数，至于其他，他们不想也无法听明白，这样就浪费了大家的时间，严重打击了家长们参加家长会的积极性。

还有一种情况是把家长会开成了"培训会"。由于受"应试教育"思想的束缚，使很多教师和家长普遍地重智轻德。首先，在老师看来，只要考的分数高，就是好学生。学生成绩好，学校对老师考核的成绩就高，老师不仅能拿到一笔奖金，还能说明自己有能耐、有水平，进而博得大家的钦佩。反之，会做思想工作、会转化后进生又有何用？这样，有些老师就毫不犹豫地把家长会开成了"家庭辅导培训班"：大力表扬学习成绩好的，不留情面地批评成绩差的；充分调动家长们进行家庭辅导的积极性，培训家长如何辅导孩子做家庭作业，如何批改家庭作业，如何教孩子打算盘，如何辅导查字典，如何辅导写日记等等；还有的干脆让家长跟着自己学"a、b、c、d"，以使家长能在家里准确无误地辅导孩子拼音。

综观上述种种表现，不难看出这些老师对家长会的意义缺乏深入探究。那么家长会究竟应该发挥怎样的作用？什么样的问题应属于家长会上解决的范畴呢？教育专家认为，只有认真分析家长会这一特殊教育形式自身所固有的属性，方能把握其本质，从而走出家长会的误区。

（1）家长会具有主导性。家庭教育是依附于学校教育而存在的，学校教育对家庭教育来说，起着应有的不可取代的主导作用。所以在家长会上，作为学校教育代表的班主任，必须讲明学校教育的指导思想和所采取的教育措施，以使家长在此教育思想的指导下，寻找家庭教育的方法和途径。

（2）家长会具有针对性。家长会必须是在班主任深入学习教育理论和长期观察本班学生的实际，并发现有关问题的基础上，有针对性地召开。比如，针对学生的学习习惯、生活习惯、思想行为、交通安全、文明礼仪以及智力的开发、非智力因素的形成等方面的问题，分别召开相应的家长会，一次一个主题，内容集中，使家长会开得深入，进而达到解决实际问题的目的。

（3）家长会具有交流性。这是由于家长会的重要作用决定的，家长会的重要作用之一就是教育者双方相互结合，共同寻找对孩子实施正确教育的途径。所以家长会就应该变教师一言堂式

为研讨交流式，即也让家长说一说孩子们在家里的表现，说一说家长在家里通常采取什么方式教育孩子，从而使老师更全面地了解学生和家长，并由此明确下一步班集体应采取什么样的教育手段，开展什么样的班队活动等。这样，通过交流，教育者双方便在教育思想上达成了共识，增强了教育合力。

（4）家长会具有计划性。计划性是指作为班主任要针对本班学生的实际，围绕最终教育目标制定出一个较为长远的教育计划，比如本学期要召开几次家长会，每次家长会要解决什么问题，要有个通盘的打算。这样就不至于眉毛胡子一把抓，从而避免了盲目性。

（5）家长会具有衔接性。在家长会有了统一计划的基础上，要考虑这次家长会与上次家长会所讲内容的衔接问题，看上次家长会制定的教育目标是否达到，布置的教育任务是否完成，等等。然后在总结经验的基础上，制定出更明确、更切实可行的教育目标。

此外，开家长会不应该设主席台，要平起平坐。在开会时，教师不要侃侃而谈，要尽量多听听家长对学校的意见和建议。当然，教师先来个开场白，提出会议的主题，简要介绍一下学校教学、管理、发展情况，但不应喧宾夺主。

家长进了学校是客人，出了学校是主人。从年龄上分析，家长和老师都差不多，有的甚至比老师还大。按称谓，都是兄弟姐妹相称，在家长面前，不能用给学生上课的那种口气讲话。对于个别违纪的学生应单独和家长会面，要避免在大庭广众下点名批评，造成尴尬局面。只有以诚相待，才能赢得家长的尊重，才能把家长会开成"知无不言，言无不尽"取长补短的会。

第二节　向家长"告状"

苏霍姆林斯基指出："教育的效果取决于学校和家庭的教育影响的一致性。"可见，学校教育离不开学生家长的支持和配合。的确，学生的家长来自各行各业，家庭也形形色色，家长对孩子的要求、期望更是多层次的。作为一名教师，必须掌握家校联系的艺术，学会和家长沟通，才能在教育学生的理念上与家长达成共识，形成教育的合力。但目前很多老师陷入了向家长"告状"的误区。

（1）把家长当"出气筒"。有些老师在学生犯错误后，立刻就向家长告状，把家长当"出气筒"。向家长"告状"不仅会造成学生和家长之间关系的冷漠、疏远，还会让学生出现逆反心

理，而更多的学生则会认为这是老师无能的表现，从而对老师出现了不信任、不理解的态度。

（2）在向家长报告学生的学习及品德表现时"告状"。教师一般是通过家长会、家访、家校联系簿等方式，主动向家长"报告"学生的学习以及在校表现等。因此，有些家长因为自己的子女在学校表现不好，每次在听老师告状的时候都受老师批评，很没面子，所以出现了怕与老师沟通的情况。

（3）老师认为和家长沟通与学生无关，不让学生参与其中。很多教师事先没有征求学生的意见，直接联系家长，向家长反映学生的在校表现，偏执的学生会认为老师一定是在背后说了自己的坏话，从而降低了老师在学生心目中的形象，产生抵触情绪。

针对以上误区，我们可以发现，向家长告状会造成学生与老师之间矛盾的激化，也会造成家长对老师工作的不信任、不配合，不利于德育工作的展开。那么如何与家长进行切实有效沟通，走出"告状"的误区呢？

（1）用赞扬的话语来提高家长信心。请看下面的案例：

杨欣是成绩很落后的学生，他平时总拖拉作业，上课时很少听讲。刘老师多次联系杨欣的妈妈，希望她能来学校一趟，但是她总以各种理由拒绝了，刘老师想这可能是因为以往各科老师每次与杨欣的妈妈联系，都向她"告状"，使她对孩子失去了信心。于是，刘老师决定亲自到杨欣家里走一趟。在家里，刘老师发现了杨欣妈妈紧张的表情，刘老师笑着说道："您别误会，我今天来不是要告诉你杨欣又在学校犯了什么错误，而是要向您报喜。"随后，刘老师把杨欣在班级里积极劳动，帮助同学的事一一告诉了杨欣的妈妈，此时，杨欣的妈妈脸上充满了喜气，激动地拉着刘老师的手说："真的吗？不瞒您说，这是我第一次听到有老师表扬我们家的孩子。"随后的气氛开始融洽了，刘老师顺势提出养成好的学习习惯的重要性，杨欣的妈妈表示一定配合学校，在家中做好督促工作。渐渐地，刘老师发现杨欣的作业开始交了，上课也比以前认真了。

由案例中我们可以看出一味地批评，告状只会让家长失去信心，对孩子放任不管，不配合学校的管理工作，而适度的赞扬，能使家长重拾信心，赢得家长的配合，又可以在孩子身上产生积极的"期待效应"，为孩子的成长提供不竭的动力。

（2）用了解来指导家庭教育。请看下面的案例：

郑阳是一位非常内向又懒惰的同学，在学校里，班主任马老师很少看到他的笑容，而他又喜欢上课睡觉，好几次上课睡觉被任课老师发现后，他还不承认，各个任课老师都向马老师诉苦。一天放学后，马老师把郑阳留下，在与郑阳的

129

沟通中，马老师发现郑阳是一位非常偏执的孩子，他认为老师经常喜欢向他爸妈告状，而每次他爸妈看到短信后，就和他唠叨个不停，因此，郑阳感到很厌烦，同时马老师从郑阳的语气和表情中，感觉到郑阳很恨他的妈妈。郑阳和马老师讲了这样几件事：妈妈过生日的时候，郑阳想帮妈妈做些事，于是便跑到他家开的店里帮起忙来，但他妈妈非但不领情，还骂他不务正业；有几次郑阳放学后没有按时回家，他妈妈就怀疑起来，大声斥责，并问他是不是到哪里去"鬼混"了。说着说着，郑阳便在马老师面前流下了眼泪，眼神中流露出了极度的委屈和憎恨。马老师的心情久久不能平静了，然后告诉郑阳决定去他家看看，郑阳开始惊慌："老师，你不会又要去告我的状吧？"马老师笑着说："你放心，我不是去告状的，我只是想了解下情况，并帮你解决问题。"见郑阳脸上还有疑虑，马老师说道："还不相信啊，走，咱们一起去。"刚进家门，郑阳妈妈就开始数落起来，怀疑郑阳是又干了什么坏事，所以老师才"登门造访"。马老师打消了郑阳妈妈的疑虑后，与她聊了起来，在与她的沟通中，马老师把郑阳讲的几件事说给了她听，郑阳妈妈表现出了惊讶，她说自己从没想过这样做会让儿子这样憎恨自己，并告诉马老师，其实她很爱儿子，只是从来不轻易表露出来。听郑阳妈妈这样一说，马老师发现郑阳的妈妈确实不善于管教孩子，才会与孩子的关系变得如此紧张。马老师告诉郑阳妈妈："过多批评与责骂只会让孩子失去对学习的兴趣，同时还会对家长感到厌烦。"郑阳妈妈特别感动，并表示以后不责骂自己的孩子了，最后马老师还诚恳地劝告郑阳妈妈，孩子在学习上表现不好，不能一味地骂他，最好能像朋友一样坐下来和他谈心，找出他学习的困难，并不断鼓励他、帮助他。郑阳妈妈听了马老师的话，诚恳地点了点头。

从那以后，马老师发现郑阳开朗了许了，郑阳告诉马老师，现在妈妈对他的态度好多了，不会每天都为学习而跟他唠叨，而他也渐渐下定决心，改掉上课睡觉的坏毛病。

从上面的案例中，我们不难发现，作为教师我们要做的不是孤立学生，与家长私自沟通，而是应该把这种沟通公开化，让孩子也参与进来，让家长、老师与孩子的关系平等化，用合适的方法调解家长与孩子之间紧张的关系，并用正确的方法指导家长如何管教孩子。

教育家马卡连柯指出："没有家庭的支持，学校的许多工作都是白费的。"家长、老师、学生这三部分在教育中是一个整体，是完整不可分割的。因此，教师必须走出"告状"的误区，掌握同家长沟通的艺术，让家庭教育与学校教育相辅相成、相得益

彰，形成强大的教育合力，为造就学生健康美好的未来奠定
基础！

第三节　家访时只走访后进生家庭

家访是学校、家庭结合教育的重要形式，也是教师从事
教育教学工作中不可或缺的一个组成部分。然而，当前家访
中仍存在一些误区极大地损害了教师在学生及其家长心目中
的形象。

（1）家访范围小，眼光紧盯后进生。优等生的家庭班主任一
般不会主动出访，中等生的家庭班主任无兴趣出访，只有差生才
会进行家访。即使是差生，班主任也只是在学生犯错或发生重大
事情之后，才会去家访。久而久之，使家长怕到学校，怕与老师
见面，从客观上削弱了家长与学校配合的热情。

（2）向家长告状，报忧不报喜。有的教师把家访变成一次告
状的好机会，变成了对学生的"批斗会"，这是家访中的大忌。
教师家访是为了沟通信息，交换意见，与家长合作提高教育效
果。而有的老师在家访时将学生说得一无事处，却忽略了如果在
家长面前一味地说学生的不是，容易引起家长的情绪波动，对子

女进行蛮横的指责或粗暴的痛打，这样教育的效果不但达不到，反而容易引起学生对老师的厌恶及对立情绪。他们认为老师借家长压服自己，无意中就在师生之间设下一道鸿沟，老师事事教育，学生处处设防，这样的教育非失败不可。

（3）家访方法单一，将家长视为"接听器"。有些班主任对自己的教育能力过分自信，不相信家长是教育工作的助手，或认为家长不懂教育，因此轻视家长，对家长的意见不屑一顾，家长只有听的份，有时甚至会流露出厌烦的情绪，使用讽刺、挖苦性的语言对待学生家长，特别是对后进生的家长，严重刺伤了家长的自尊心。

（4）在家长面前用分数压学生。教师家访一个重要的内容是要谈及学生的学习情况。家访时如果谈到成绩差的学生在班里的分数和名次，很容易使家长感到失望。而学生也会感到没有自己长进的希望，往往会产生厌学或者弃学。一个年轻教师在家访时用消极的口气谈了差生的学习情况并对前程进行了预测，第三天这个学生便退学了。后来老师找到了该学生的家长得到的回答是："既然他不是学习的料，就早一点让他放羊吧！"可见家访方式不对的话，教育效果则会适得其反。

（5）在家长面前夸大渲染学生的隐私。中学生处于身心发育阶段，他们的内心世界丰富多彩，教师通过学生的作文、

阅读和谈话，可以观察、了解到学生的内心世界，一旦窥探了他们的隐秘性心理，便在家访时火上加油，捕风捉影地在家长面前大事渲染。这样的话好心常会办坏事，教育不当反成祸。特别是对中学生的早恋现象，教师若能自己解决，就不必告知家长。

（6）讨好家长，无目的家访。教师家访必须目的明确，为解决教育对象某一方面的问题而谈，而不应借家访之名与那些居其位，有其权的学生家长套近乎，以图私事之实，这样的话必然引起家长的不悦，必然降低自己在学生中的威信。

（7）家访时滔滔不绝，把家长当听众。很多教师在表达方面都非常厉害，而且对学生责任心很强，如果时间允许，能够不停歇、不重复地讲，能就学生的表现及问题讲几个小时。往往这样的老师，家长非常认可，也很感动。因为家长们知道这样的老师能对自己的孩子了如指掌，可见其用心良苦。但是，如果在家访时教师仍然滔滔不绝，家长会感觉"插不上嘴"，就是个忠实的听众。

（8）家访就是访问。与上面情况相反的，就是一些不善言辞的老师。他们心里装着学生和家长，事业心强、做事认真负责，可就是"茶壶里煮饺子——道不出来"。这就会使家访好似"答记者问"，使双方陷入尴尬的局面。心理距离怎么拉近？亟待解决的问题怎么研究？这样的家访也是失败的。

那么，如何认识到这些误区，那么我们如何更好地进行家访呢？

（1）制定家访计划。家访前，老师应根据学生的在校表现和实情，制订一个细致而有序的家访计划，设计此次家访的内容和要达到的目标。如果需要家长配合才能达到教育目的的，教师要事先拿出细致可行的家访方案，与家长共同协商，征询其意见，并诚邀家心协同实施。家访的时间，教师也要事先与学生商量，与其家长沟通，征得双方同意。只有根据计划有系统地开展家访活动，才能达到家访的目的。

（2）家访中，教师为家长出谋划策。家访过程中，教师的言语往往是家长判断孩子有无成才希望，学生判断老师是否信任自己的尺子，其作用不可谓不大。清代教育学家颜元说过："数子之过，不如奖子之长。"因此，作为教师在家访时要正确运用心理暗示，用这把看不见的尺子，在家长面前对学生多一些赏识，多一些激励，把成才的希望带给家长和孩子。

（3）拓宽家访范围。教师要树立正确的学生观、人才观，用全面的观点来看待每一个学生。因此，教师要拓宽家访范围，不仅要对后进生进行访，也要清楚地认识到优秀生和中等生也有缺点和不足，也有进一步提高的必要，一经发现他们某方面存在问

题，便要立即家访，给予指正，以拓宽家访的范围。

①上门报喜，鼓励后进生。鼓励、赞美是教育艺术的精华。成长中的学生需要教师及时对他们进行关心和鼓励，作为一名合格的教师，更应不失时机地对学生进行鼓励，学会赞美学生。尤其对于后进生，恰到好处的赞美是一种投资少收益大的鼓励行为。教师如能抓住时机，在后进生取得进步的时候上门报喜，会产生意想不到的效果，不仅给家长带去了希望，而且点燃了后进生的心灵火花。

②合理的建议，改变中等生。中等生既不影响纪律，也无突出表现，往往会被老师忽视。其实，他们是最容易产生变化的，教师应给予更多的关注。中等生如感觉不到师爱，就会产生"滑坡"趋向。教师应密切关注他们的思想波动，切不可漠视学生的这种心理状况，应抓住机遇及时家访，了解家长的教育方法，提出合理建议，与家长齐心合力，改变他们"得过且过"的中庸心态，激起上进心。

③指出问题，引导优等生。优等生是班里的佼佼者，但他们因一直受到关注和赞美，容易产生自大心理或承受不起挫折的脆弱心理等方面的问题，所以教师要善于利用家访这个渠道，发现优等生身上存在缺点，对其严格要求。教师应做到严而有度，严而有方，决不能以惩罚代替教育，而是"严师益友"般的爱，使

学生"亲其师，信其道"，把对教师的爱折射到学习中去，产生积极德育效应。

（4）提高自身教育素养，改进家访方法。教师要不断提高自己的语言能力、品德修养，并改进家访方法。家访时态度一定要诚恳热情，尊重家长，多采用建设性口吻，如"你看，我们可否这样做……"，告诉家长一些教育方法，并耐心倾听家长意见。即使与家长看法有分歧，也应平静地晓之以理，动之以情，做到以礼待人，以理服人。这样家长自然也更尊重，支持教师的教育工作。

（5）拓展家访话题。教师应根据学生家长相应的文化素质，工作性质，性格爱好选择家访话题，比如学生平时的劳动习惯、心理健康、社会交往、家庭教育的情况及学校班级的教育状况等都是家访好话题。

从培养21世纪新型人才的长远目标出发，无论科技发展到何种程度，家访的特殊作用都不可小觑，更无可替代，它能增加教师与学生、家长的情感基础，与家长形成合力，解决学生的个别问题。因此，教师要树立正确的学生观、人才观，用全面发展的观点，辩证统一的观点看待每一个学生，把握好每一次家访的时机，用爱心、责任心去影响每一个学生。

第四节　一有问题就"请家长"

处于特殊年龄阶段的中学生是否能得到全面和谐的发展，则需要学校和家庭共同努力来加以保证。而"请家长"是学校与家庭联系的方法之一，它最直接的效应是，家长首先会从内心感受到老师的热情真诚，工作认真，不摆架子。而这些认识，正是家长配合教师教育的前提，是教师得到家长配合教育的心理基础。

有的老师因为学生不交作业、上课不认真听讲或违法校纪校规，要求学生喊家长来学校，多数情况下，教师和家长能够很好沟通，但是也有的闹出不愉快，双方都紧张，都有怨气。有些学生怕老师动不动喊家长，虽被"勒令"，却不敢回家，或者，由于喊不来家长，老师不准其上课，整日在外游荡，难免惹是生非，产生违法行为。

据调查，学生普遍认为：老师让喊家长，实际上就是"告状"。家长也觉得：孩子回家"喊"家长肯定是闯了祸。所以学生喊家长时必定要受到家长的一顿训斥，个别的还要受到皮肉之苦。家长来到学校，多是听老师列数自己孩子的条条"罪状"，心里当然不好受。这种"喊家长"的教育方式如果不加以改善，不但起不到预期的效果，而且还会加大学生的抵触情绪，增加学生对老师的反感。

因此，"请家长"作为老师与家长沟通的一种方式，本身并无过错。但是应该注意以下几点：

（1）目的明确。为了什么事，请家长要达到什么目的，是不是能够收到预期效果，在请家长之前教师都要先想清楚，免得劳心伤神，还不见得解决问题。有一些任课老师一生气就给学生下指令："叫你的家长来一趟，你要再不好好完成作业我就不管你了"。像这种老师冲动之下做出的请家长的决定往往是徒劳的，这样即使把家长请来了，也达不到目的。要换一种思维方式，把请家长这种沟通不要仅仅局限在后进生，可以适当扩大范围。比如，孩子有进步了，给家长报个喜讯；学习成绩优秀或某一方面表现突出的学生，可以把家长请来给其他家长介绍介绍经验；召集几位家长座谈一下，听一听孩子们的心声及家长的建议；即使学生有了错误除了告诉家长之外，更多的是指导家长如何帮助和教育孩子。总之，不要把"请家长"这种善意的举动搞得那么沉重，让孩子惧怕，让家长不安。作为教师可以让"请家长"变成老师与家长之间一种平等的沟通与交流。

（2）态度要客气。尤其是后进生家长，都有一种自卑感，具体表现在不愿意听到自己孩子学习成绩差、不愿意因孩子违反学校纪律而被叫，不愿意听到别人议论自己孩子的短处。因此，后进生也就不愿意让学校轻易叫家长。教师不管后进生在校有什么表现需要请家长到校时，不能对家长动辄训斥或者什么也不说，让家长犯急，要学会用缓和的语调、客气的态度在征询家长同意后，把家长请到学校。请家长到学校，不要只等学生违反学校纪律或学习成绩下滑时，还要在学生有了一些进步或者受到表扬、奖励之时。要让家长感觉到班主任请家长是出于关心学生、对学生有耐心的善意举动。既不是对家长兴师问罪，也不是把学生当成"杂草"拔掉。在谈话结束，家长要离开学校时，班主任一定要"和气"相送，并恳请家长常来学校与教师们沟通。这样，家长们会逐渐变得主动来学校，与教师们相沟通的频率也会渐次有所增加的。

（3）倾听家长诉说。把家长请到学校后，教师首先要把学生的表现如实地通报给家长，不添油也不加醋，证据要有可信度，语气要和缓，语调既不高也不低，且一边讲一边还要观察家长的情感变化。一旦家长有激动的行为，教师可以暂时停下来，并及时给家长以安慰。教师在向家长诉说的时候，不要迅速谈出自己的观点和立场。教师在把情况说清后，要及时停下来，倾听家长的诉说。此时的学生家长会带着一些情绪来表白自己的看法，甚至有些看法是冲着学校和教师们来的，言辞有可能比较尖锐。当此时，教师切莫在中途打断家长的话，要耐心地让家长把话讲完。当家长讲完话后，一般情况下情绪会稳定下来的，待家长稳定了情绪，班主任方可阐明自己的看法，并不断地用征询的口吻对待家长，这样的沟通既尊重了家长，又解决了问题，也拉近了与家长之间的距离。

（4）帮助后进生家长树立教育信心。凡后进生的家长，与教师一样，看到学生缺点多，优点少；对学生责罚多，褒奖少。因此家长对孩子的前途失望大于希望。那么，如何帮助家长树立教育信心呢？首先，作为教师要与家长对学生重新"诊断"，根据家长的感受、教师的观察，共同找出学生身上存在的优点，并寻找让学生发挥优点的时间和空间，寻找在学生有了进步之时表扬和奖励的适当时机。也要分外注意不能轻易露出家长与教师主观上"合谋"的痕迹。在促使学生进步的试验中，要不断加强教师、家长和同学们的协力关心度，关心的分寸和火候要适当，以免使学生有一种不适应感。因为，一个后进生，从小到大所面临的大多是来自于教师的批评、家长的责罚、同学们的挑剔或冷落。长时间的缺乏关爱和肯定，使这些学生与别人相互沟通的思

想之门紧紧地关着，对别人的"施舍"很敏感，甚至有一种防备的姿态或敌视的眼光。教师要不断引导家长，对后进生教育的效果和后进生反馈来的举动要有足够的耐心，要知道，融冰须有柔和的光。

（5）矫正家长的"成才观"。大部分学生家长把自己甚至全家的希望寄托在孩子身上，并且为了实现他们那很不实际的目标，对自己的孩子提出并实施着一些不切实际的措施。他们恨不得让孩子像成年人那样做事。往往这些不切实际的想法和措施，使那些天真活泼的孩子变得心理严重的不健康，与家长之间的思想代沟越走越深。因此，教师应将家长的"成才观"矫正。在这里，教师可以设计一些问题，说一说学生家长或者是自己成人、成才的实践经验，要及时给家长讲清楚作为一个人在不同年龄段的不同生理和心理反应，以及与之相适应的学习、活动特点，逐渐打消家长"自己在小时候做不到，却要求自己的孩子一定得做到"的错误思想和行动。教师帮助这些学生家长树立正确的"成才观"是做好家长工作的基础。

（6）及时矫正家教方法。家长和学生也是教育的对立体，家长的教育效果与家长的性格特征有着密切的关系。因此，教育学生的方法，也得因家长和学生的不同性格特征，施以不同的导引法，这叫做因势利导、"对症下药"。此外，教师要告诫家长做到两点：①要做到自我规范行为表现，尽量给自己的孩子创设一个温馨的家庭、健康的学习和成长环境；②对孩子的关心要持之以恒，要多疏导，少施压，多鼓励，少责罚。

我们有些教师通常只在学生犯错误，有问题时才想起家长，才与家长联系，而不是在问题发生之前就相互交流、协商。因此，走出"请家长"的误区才能防止问题的发生或把问题消灭在萌芽状态。

第五章　思想工作简单化

　　如果教师对学生的思想教育只空喊口号，不针对学生的自身情况有针对性地施以教育，不仅提高不了他们为人处世、明辨是非的能力，久而久之，还会使学生的道德空间严重缺氧。但是，教师工作是平凡与繁琐的，其中蕴含着丰富的学问，是一门奥妙无穷的艺术。因此，作为一名教师需要在心中有一杆秤，以便在自由与限制，在批评与表扬，在对学生的思想、身心教育中把握分寸。

第一节　对待早恋，围追堵截

　　"只求曾经拥有，不求天长地久"，这句口头禅已经在中学校园泛滥成灾。越来越多的中学生卷入了早恋的滚滚洪流。我们先看下面的案例：

一天下午放学后，在某中学就读的余刚和其他同学一起打完篮球。同班女生王丽上前用纸巾帮他擦汗。这个动作被他们的班主任汪老师看见，她认为两个学生早恋了，当即将王丽喊到办公室。她给王丽看了两页日记，是汪老师私下从余刚放在课桌内的日记本上撕下的，上面记录着余刚对另一名女生的好感。

汪老师还告诉王丽，余刚对王丽不是真心的，余刚脚踏两只船。几天后，汪老师又将余刚的日记拿给班上其他几个学生看。而此时，余刚已无法承受巨大的心理压力，当天便离家出走。第2天才被家长找回。

第3天余刚回校上课，但仍有学生对他指指点点。余刚父母要求汪老师在全班赔礼道歉，消除影响，但被汪老师拒绝了。

没过多久，余刚便将自己的班主任告上法庭，要求汪老师赔礼道歉，并赔偿精神损失费。

这是一起由"早恋"日记引发的法律纠纷。和案例中的汪老师一样，有的班主任视学生早恋为"大逆不道"，一旦发现哪个学生有早恋行为就采取"紧急措施"，如公开点名批评，或虽不点名，实有所指的暗示批评，勒令检查、扣压信件、限期断交，等等，甚至动辄斥之为"作风不正派"、"思想品质不好"，或用

145

讥讽挖苦的语言当众羞辱学生，或向家长告状，借家长之手严加管教。这种简单粗暴的处理办法，极大伤害了学生的自尊心，使正陷入早恋迷途的学生感到压抑和苦闷，可能促使个别认识模糊、心理承受能力差的学生为"殉情"而轻生，为"私奔"而出走，更多的学生则出于逆反心理，越是反对，态度越坚决，越是禁止，谈得越热火。

随着社会发展的变化和人们日益开放思想观念，早恋现象在学生群体不断扩大。一些家庭孩子家庭父母忙于工作，学校老师工作的疏忽，再加上自身人际的开放，失衡的心理环境严重影响孩子的身心发展。作为班主任，我们采取更多的方式是"围追堵截"，甚至有的会像案例中的汪老师一样偷看学习的日记。显然这是不对的。中学生到了一定的年龄，出现爱情的幻想和冲动，这是人性的自然现象。因此，作为班主任在大力提倡男女同学间正常交往时，不是放任自由，而是细心观察，辨别是非，正确引导，还应该根据学生的个性特点进行不同的教育方法。把学生早恋的现象消灭在萌芽状态之中。

目前中学生早恋的发展趋向主要有 3 个：一是谈恋爱的年龄越来越小，现在的小学生谈恋爱也并不鲜见；二是早恋的比例越来越大；三是早恋中的行为越来越成人化，越来越开放、大胆，越来越公开化。这就需要我们的教育工作者在对待这一问题时，要冷静地思考，除了呼吁社会各界要真正地高度关注青少年这一特殊群体外，我们的教育工作者该怎样做呢？

1. 认清"早恋"的原因。任何事情的发生都有其原因，导致中学生出现早恋现象的原因大致有如下几点：

（1）生理发育成熟，渴望异性的抚慰。现代社会，随着生活水平的逐渐提高，为青少年学生生理发育提前成熟提供了物质条件，学生生理和心理的一系列变化，使得他们关注异性，渴望接触异性，甚至可能萌发对异性的爱慕之情，渴望得到异性的抚慰，这是正常、自然的事情。

（2）缺乏关爱，寻找感情的寄托。在家庭中，一些学生的父母工作繁忙，无暇照顾自己孩子；一些学生的父母离异，在对待孩子的抚养、教育方面相互推诿，甚至不闻不问；有些学生由于学习繁忙，负担过重，和父母，老师之间缺乏沟通交流，得不到家庭的温暖和学校的关爱，使得这些学生缺乏感情寄托，为了寻求补偿和安慰，寻找倾诉的对象，因此到异性那儿去寻找感情寄托。

（3）学业负担过重，压力过大，需要宣泄情感。现在的教育体制还没有从根本上向素质教育转变，社会衡量学校办学成功与否，更多的是关注学校的升学率，随着就业市场的竞争愈演愈烈，许多家长也渴望孩子上重点学校，各种补习班如雨后春笋般出现，补习资料铺天盖地而来，五天一大考，两天一小考，造成

学生学业负担过重，心理压力巨大，因此想找个自己欣赏爱慕的异性倾诉心中苦闷，宣泄情感，减轻心理压力。

（4）影视书刊影响，寻找刺激。现在社会上的影视、书刊过多地反映社会的阴暗面和情爱的东西，而学生的心理发育又不够成熟，其价值观、人生观还没有完全形成，不能辨别善恶美丑，为了向同伴炫耀，满足个人的虚荣心或者看到别人有了异性朋友心生羡慕，从而盲目模仿。

2. 引导学生认识早恋的危害。不论出于何种动机，早恋对中学生的身心健康状况都是不利和有害的。这主要表现在以下几个方面：

（1）早恋影响学习。有很多中学生认为谈恋爱可以促进恋爱双方学习和思想上的进步，但实际上，除了少数学生在恋爱之初，为了博得对方的爱慕而在学业上下了一些苦功夫外，大多数学生一旦过早恋爱，往往会表现上课神情恍惚、注意力分散、情意绵绵，看书根本看不进去，对班级开展的各项活动，都提不起精神来，个人正常的学习和生活秩序遭到破坏。他们开始更注重穿着打扮，学习成绩下降很快。即使是原来学习成绩很好的学生，学习成绩也会急剧下降。这说明早恋对于正在担负紧张学习任务的中学生而言是不适宜的。

（2）早恋影响学生的生理和心理的健康发展。处在青春期的中学生，其生理逐渐走向成熟，但毕竟还未完全成熟，如果过早恋爱，不仅影响学习，而且还会因各方面的阻力造成性格上的缺陷。这主要是由于教师和家长对中学生早恋大多持否定态度，发生早恋的学生总是东躲西藏，长期处于"地下工作"的状态，精神高度紧张。既担心同学知晓，又怕老师、家长批评制止，于是他们基本不同或很少同他人交往，沉湎于两个人的世界里，对班级、学校的一些集体教育活动，漠然视之，不愿参加甚或有抵触情绪，于是疏远同学，脱离集体。阻碍了生理和心理的健康发展。

（3）早恋影响思想品德的发展。中学生在思想上、道德上对爱情的理解和认识还很不成熟。中学阶段正是学生社会化的过渡时期，他们根本就没有承担社会责任的能力，社会责任感，道德感和法律意识都很淡薄。不可能理解真正的爱情，不可能承担爱情的社会责任。他们的理智往往控制不了情感，也不能很好地控制调节自己的感情，最终只能歪曲甚至玷污了纯真而美好的感情，给双方带来了痛苦。再则，中学生经济上尚未能独立，事业尚未开始，使爱情失去了牢固的基础。所以说中学生尚不具备恋爱的条件。

3．冷静对待，了解事实。

随着社会的发展和观念的更新，越来越多的青少年开始结交异性，他们结拜兄妹，在课堂上互传纸条，上学放学结伴回家。课后在一起讨论有关学习、追星、网络等问题。教师在发现了学生异性交往的反常现象之后，不必大惊小怪，一定要冷静对待，

弄清事实真相，以免伤害学生的自尊心，因为有些学生可能只是对异性有好感而已，他们渴望与异性交往是为了获得异性同学的尊重和友情，这是成长的需要，是成长过程所必须经历的。男女同学间的正常交往如果遇到干涉和无端猜疑，结果会使他们产生对抗心理，有时会弄巧成拙。即使是早恋，也要弄清发生的原因及发展的态势，以便寻找对策。

4. 分析原因，耐心疏导。

如果学生真正地发生了"早恋"，班主任不必恼羞成怒、谈虎色变。中学生的早恋过程本身，往往就充满了矛盾。想接触，又怕被人发现；既愉快、又痛苦。"热恋"中的学生往往会被一时快乐的所蒙蔽，过分夸大对方的优点。教师需要在弄清早恋行为发生的原因：是社会的，还是家庭的；是学校的，还是个人的原因。然后对此进行耐心地引导：你们的生理和心理成熟了吗？你们有能力承担相应的责任吗？你们在经济上能够独立吗？你们有足够的时间和精力吗？同学们会如何评价呢？你们的父母会对此持什么态度呢？爱情是两情相悦的，但维系爱情真谛的还有责任、信任、理解和忠诚，你现在有这个能力吗？这种耐心疏导，而不是训斥和强行的制约，能在理性上和情感上打动他们。

但在疏导的时候要注意以下几点：① 注意选择谈话的时间、地点、场合不要引起其他同学的误解；② 谈话要以疏导为主，不要当作犯错误而严肃处理，为下一次谈话设置障碍；③ 一次谈话后要给学生以思考的时间，不要快刀斩乱麻，立竿见影地解决问题；④ 谈话的同时要对其进行感情的抚慰，以免伤害其心灵。

5. 动之以情，晓之以理。

苏联教育家马卡连柯说过"恋爱是不能禁止的""。因此，作为教师在平时学习和生活中一旦发现学生有早恋现象，不管是否证据在握，都不能发火斥责、羞辱打骂，而是要用心关爱，正面疏导，即动之以情，晓之以理，循循善诱。使他们认识到在思想尚未定型，心理尚未成熟，经济尚未独立，事业尚未定向，各方面还处于发展阶段就过早谈恋爱，对自己身心发展和现在的学业、生活等都极为不利，一旦发现他们有早恋迹象，就要及时谈心，机智地暗示、点拨，力求将早恋消除在萌芽状态；指导他们正确处理和异性的关系，增强自控能力，学会驾驭自己的感情。切忌动辄批评，甚至不分青红皂白就大肆声张，大发雷霆，大打出手，这样，只会起到催化剂的作用，加速他们的早恋进程，他们一旦产生逆反心理，就会互相鼓励，互相吸取力量，身处困境的共同遭遇会促使他们情感联结得更加紧密，为了寻求温暖和慰藉他们甚至会做出越轨的举动。

苏霍姆林斯基曾告诫我们："教学生怎样对待爱情，这是教育工作的最细腻的一面，它要求教师真知灼见，把教育技巧与教

育艺术结合起来……不仅是教育工作而且是全人类智慧和文明的标志。"因此，作为教师在预防和处理早恋的问题上的方法虽然很多，但在实际操作的过程中，我们的工作一定要细致，并力求实效，要让学生感受到到老师是在处处关爱他、帮助他，作好他们的向导，教会学生自己调节，自我宣泄。

第二节　对待"小偷小摸"，方法"小儿科"

每位教师都可能会遇到小偷小摸的学生。教师在对待这些学生时，往往会采取以下两种方法：一是追究到底，把事情查个水落石出，狠狠地教训小偷小摸的学生，也让其他学生引以为戒。二是找小偷小摸的学生谈话，争取通过苦口婆心的说教，让学生痛改前非。

显然这两种方法都不是妥的，也过于"小儿科"，那么如何对待小偷小摸的学生呢？

（1）给小偷小摸的学生自我反省的时间。其实，有的学生犯错误并不是蓄谋已久的，很多时候犯错误只是一念之差。给他们一点自我反省的时间，他们就会找回自己暂时丢掉的可贵品质。请看下面的案例：

李凯总是偷拿同学的铅笔、橡皮、尺子等学习用品，有次他偷了一位女生的钱包。陈老师决定当着全班同学的面好好教训他一顿，但是，转念一想，偷东西理应受到批评，但不能让李凯抬不起头来。如果今后同学们把他当成一个小偷来看待，那么这对于一个正在成长的学生来说无疑是个巨大的打击。于是陈老师就想了一个两全其美的办法，决定给李凯一个机会。

下午，陈老师把李凯叫到了办公室，说："我出去办点事情，你帮我打扫一下办公室吧。"办公室里只有李凯一个人，陈老师也想借机看看他是否会拿办公室的物品。半个小时后，陈老师回到了办公室，发现李凯把办公室打扫得干干净净，没有动任何物品。于是，在班会上陈老师当众表扬了李凯认真负责的精神，并趁热打铁，宣布由他来管理班级的图书架。陈老师特意对李凯说："我们相信图书一本都不会丢，你一定会把图书管理好，不会让我们失望的。"李凯使劲地点头，并表示自己一定会干好这份"工作"。后来的日子，李凯表现得很出色，图书一本都没有丢，并且书架每天都保持得很干净，陈老师看在眼里，记在心里，有一天还特地给李凯的家长打电话表扬了李凯。

一周后，那位丢钱的女生告诉陈老师，钱包又回到了书包里。同时，陈老师还收到了一张字条，上面写着："谢谢您，陈老师，谢谢您没有让我难堪。我以后再也不偷别人的东西了。我又找回了自己丢掉的东西。"

通过这个案例，我们可以知道那些犯了错误的学生只是暂时地遗忘了某些品质，只要我们给他们机会和时间，并加以引导，我们有理由相信，他们一定能找回自己丢失的东西。而教师的信任、理解、宽容、耐心、细心就是触发学生心灵的灵丹妙药。

人非圣贤，孰能无过？平等地对待有过失的学生，给他们更多的关怀，也许有一天，这些学生会还你一个惊喜：丑小鸭变成白天鹅了！

（2）开展法制宣传活动，为学生提供一个学习法律知识的机会。请看下面的案例：

李老师在上德育课的时候给学生讲述了两则截然不同的故事：一个学生在偷窃后主动承认错误并归还了钱物，他得到了老师和失主的谅解，老师答应为他保守秘密；另一个学生偷了东西后抵死不认，结果闹到了派出所，弄得全校皆知，他个人以及班级的名誉受到了很大的损坏，成了班级中的"独行侠"。

李老师讲完故事后启发学生："听了这两则故事后，你有什么感受呢？"班级中形成一定的舆论导向后，李老师趁热打铁，又通过学校少先队，聘请校外法制辅导员到班级内开展了一次题为"小偷小摸危害大"的专题讲座。在活动的筹备、进行过程中，学生们接触到了《预防未成年人犯罪法》、《未成年人保护法》等相关法律，法制意识得到了加强。此外，李老师还组织全体学生观看了电影《围墙内的自白》，通过一个个真实的少年犯故事、一句句令人警醒的独白、一声声催人泪下的哽咽，以及一曲交织着悔恨与痛苦的《铁窗泪》，让学生的心灵受到了极大的震撼。

（3）暗设"警察"，提高学生自律能力。学生中小偷小摸的行为之所以又会继续发生，一定程度上与学生的麻痹思想和侥幸心理是分不开的。针对这一点，教师可采取了两种措施：① 在班中暗设行为监督岗，选择一些自己比较信任的学生充当"警察"，对外不公布监督岗成员名单，但让全体学生知道有这么一回事，使每名学生时刻提高警惕，加强自律；② 在家里请家长故设陷阱，暗自监督，增强孩子抵抗诱惑的能力。

（4）摸清学生小偷小摸的根源。学生小偷小摸行为不应该简单地看成是思想品质问题，而应该更多地从心理的角度去分析行动产生的原因，以宽容和微笑对待学生的逃避与反抗，让学生从心底里愿意改正。请看下面的案例：

刚开学一学生就向董老师汇报，说是他的电子辞典不见了，可是怎么查都查不出原因，董老师就告诉学生自己保管好自己的东西，在自己的东西上做记号等，可是这样也只太平了没几天，班中还是陆续地不见东西，不是课外书，就是学习用品，甚至钱也开始不见了。后来，董老师在学生的帮助下，总算把这只"幕后黑手"抓住了，原来是班上一个外地学生小崔干的，一通教育

之后，董老师把小崔的爸爸叫到了学校。并把发生的事简单地告诉了小崔的爸爸，周老师没想到，小崔的爸爸和小崔当场在就在办公室吵开了。这样胆大妄为的学生在董老师十几年的教书生涯中还是头一次遇上。董老师知道碰上了难题，小崔的父亲离开学校后。董老师开始改变教育方法，变强攻为软攻，和小崔聊家常，并和他保证不会把他的事说出来，最后小崔把自己的心里话说了出来，原来事情的根源还是出在他父亲身上，小崔家从外地过来估的，家境很一般，他父亲认为钱来得不容易，所以连必要的学习用品也没满足他，他只有到别人那里拿。董老师马上做通了他父亲的思想工作，保证了他的学习用品。为了对班里的学生有个交代，董老师就说："我们班有一个同学做错了事，想借东西时没和别人打招呼就自己拿了，这个同学的名字我暂时不说，我相信我们班的同学都是宽宏大量的人，我们给他一个改过的机会好吗？如果他不改，我再说出他的名字好吗？"这样，既保证了这个学生的尊严，又对其他学生有了个交代，并且起到较好的警示作用。

一波刚平一波又起，有一天，小崔的父亲来到学校找到了董老师。原来小崔虽然改掉了在学校偷东西的习惯后，却把坏毛病带到了家里，经常背着父母拿家里的钱，有一次拿了整整200元。他父亲很生气，狠狠打了他一顿，但还是不管用，他继续偷拿家里的钱。董老师知道这个情况后，多次家访，找到了根本原因，原来，事情还是出在他父亲身上，因为生意忙，很少关心小崔，甚至很少和小崔说话，但要求又严格，动不动就打，导致小崔产生了逆反心理，于是就采取报复行动，而且怎么严厉的教育都不见效。董老师便采取了与小崔"套近乎"的策略，亲近他，关心他，让他产生了信任；同时又做通了小崔父亲的工作，要他注意教育方法，多抽时间与孩子沟通，改善父子关系。经过多方努力，小崔彻底改掉了小偷小摸的行为，而且，学习也上进了，在学校举办的朗诵比赛中，获得了优秀奖。

从这个案例看出，对待学生的不良行为，不能机械地教训，要注意方法，特别是要摸清学生产生这种行为的根源，在顾及学生心理的同时对症下药，循循善诱，关怀倍致，就能扭转学生的不良行为，杜绝小偷小摸现象。

"十年树木，百年树人"，教师的工作是树人的艺术，它需要我们倾注大量的爱和心血。只要我们工作中多一份思量少一份冲动，多一份朋友一样的倾心交谈，少一份埋怨和指责，多为学生做几件实事，少几个高高在上的指令。

那么，就算再厚的冰也会被溶化，在贫瘠的土地也会长满庄稼。

第三节　批评不分场合

在学生良好的思想道德品质、行为习惯的养成教育中，我们提倡正面教育，多表扬、少批评，但这并不意味着排斥批评，其实，批评和表扬一样，只是一种教育手段，都必须把握好一个分寸，一个尺度，否则不仅达不到预期中的效果甚至适得其反，因此问题的关键不在于表扬和批评的本身，而在于怎样有效地用好这种手段，不过要强调的是运用批评这种手段教育学生更要慎而又慎，随便不得。在我们教师当中有不少教师甚至工作多年的老教师往往不能科学地运用批评这种教育手段，存在不少误区：

（1）批评不分场合。很多教师习惯在办公室里批评学生，勒令犯错误的学生到办公室里，教师指着学生的鼻子大声指责、训斥，有时在场的其他老师或侧目而视，或随声附和共同"声讨"，被批评的学生常常是无地自容、低头不语，或用对立的眼光瞪着老师，或用眼泪排解受到的委屈。也有的教师在课堂上遇到违反课堂纪律的学生，便忍无可忍地喝令学生站起来。课堂气氛顿时紧张起来，几十双眼睛一下子聚焦在被罚站的学生身上，学生碰到这种事，有的恐惧不安，有的满脸羞愧，有的表现得毫不在乎，也有个别的学生根本不把老师放眼里，车马对炮地顶撞起来了，弄得老师下不了台。其实办公室是教师备课，课堂是教师工作的地方，在此公开批评学生并不好。有的学生由于性格内向，心理敏感而脆弱，自尊有余而自信不足，一旦在这些公开场合当众被老师指责，就会觉得自己受了莫大的羞辱而自卑消沉下去；有的学生会认为班主任有意在众人面前让他下不了台，嘴上不说，心里不服，虽当面红着脸认了错，但背地里仍我行我素，唱对台戏；还有的学生性情暴躁，容易冲动，一旦在这些场合挨了批评，便觉得大失面子，感情失去控制，知错而故意不认错，甚至公开顶撞老师，凡此种种，都使批评失去效力，难以收到预期的教育效果。

（2）批评不分时机。有些教师只要见到学生犯错就批评，于是那些经常犯些小错的学生几乎是天天挨批，因此他们往往把老师的"谆谆教诲"当着耳旁风，任老师苦口婆心的说教，就是屡教不改，有的甚至是破罐子破摔。这与教师批评不讲究时机有一定关系。那些经常遭到批评的学生与老师的心理距离越来越大，这样的学生当然听不进老师的话。

（3）不考虑批评对象的心理承受能力。有些教师处理问题时非常情绪化，如果学生尤其是差生犯了错误就表现得义愤填膺，不区分学生性格、性别的差异，全然不考虑不同对象对批评的心理承受能力，满口教训斥责。这样的批评，只能使师生之间的感情距离拉

大，更不利于教育学生。学生纵然表面畏惧和认错，内心却持反抗、抵触的情绪，或者只是为了尽早地摆脱挨训的窘境。

（4）缺乏应有的耐心。不少教师在批评有"前科"学生时，常常控制不住自己的情绪，不仅是"电闪雷鸣、暴风骤雨"，而且往往喜欢"新账老账一起算"。被批评的学生会觉得老师对自己有成见，是故意和自己过不去，因此，抵触情绪油然而生。而这些老师对自己的做法解释为"恨铁不成钢"，殊不知把"铁"变成"钢"靠这样粗暴的方法常常是不能奏效的，所谓"百炼成钢"，是急躁不得的。

每个学生在成长的过程中难免有时会犯些错误，对于学生犯错给予批评教育，也是出于在对学生的关爱。但批评不注意方法，不掌握分寸，有时会适得其反，加深矛盾，影响了师生之间的关系，因此，教师在批评学生时要注意以下几个方面的问题。

（1）批评注意场合。有经验的老师在批评学生时，善于创造和风细雨式的氛围，以加强师生感情的沟通，让学生亲近他、信任他，真正从心灵深处认识自己的错误，从而迅速改正。楼梯口、走道边、操场上、甚至大街上、商场里……每一处都可以成为他们教育学生的场所。因此，批评的场合恰当与否，关系到批评效果的好坏。教师应根据学生犯错误的性质、程度选择适当的场合开展批评，给学生创造认识和改正错误的良好环境。

（2）对待差生，慎用批评。值得一提的是我们在差生转化的工作中，对差生不得已而进行批评教育时，更需采取慎重的态度，更要把握分寸，别看差生整天一副嘻嘻哈哈、满不在乎的神情，其实他们的心理更脆弱，更经不住批评，教师稍有不慎，轻则引起他们的逆反情绪，导致破罐子破摔，重则对他们的心灵造成难以愈合的创伤，丧失对前途的信心，甚至可能因此辍学而流入社会，走上歧途。因此，对待差生，更要慎用批评。

比如，在发生差生的优点和某方面取得成功的时候，以赞赏的眼光、真诚的态度对该生进行表扬的同时，抓住时机，恰如其分地指出他的不足或过错，为他指明努力的方向，这样的批评就容易被接受。再如，当你放下架子来到学生宿舍问寒问暖的时候，当你冒着大雨来到学生家中为他补课的时候，当你急切地来到学生的病床前表示问候的时候，利用这样的时机进行教育，我想即使是顽石也会点头。

（3）批评时要考虑学生的心理承受能力。学生如同树上叶片一样，面孔不一样，个性也不一样。一般情况下不要当众批评学生，内向的，心理承受力弱的学生当众批评则容易导致心理自卑。不碍大局之事小题大做当众批评学生，学生会认为你使他难堪，会引起公开对抗，引发争吵，反而会适得其反。因此，教师在教育学生时要尽可能选择和创造一个良好的氛围，晓之以理、

动之以情，因材施教，对同一种错误行为的批评，我们要区分批评对象是男生还是女生，是性格内向的学生还是性格外向的学生，是品学兼优的学生还是表现较差的学生，分析不同个性的心理差异，采取不同的教育措施。尤其教师在处理学生早恋、小偷小摸、迷恋不健康网页等棘手问题时，一定要考虑到学生的心理承受能力，既要严肃对待，又要让学生理解老师的真诚，感受到老师的爱，从而回到正确的人生轨道上来。

（4）批评时要"一视同仁"。有的教师对自己喜欢的学生，尤其是班干部不愿批评，就是批评也总轻描淡写，而对待表现一般的学生，尤其是后进生，则不能一碗水端平。不管是先进还是后进，不管是班干部还是一般学生，有了缺点错误都应受到批评。如果该批的不批，不该批的狠批，那就会使学生产生反感，降低教师的威信，造成班级的不团结。

（5）批评时要尊重学生。从道德和法律意义上来讲，学生的人格上是与老师平等的。有的教师常用挖苦、刻薄、伤害学生自尊心的话批评学生。这样，被批评的学生就会产生仇视的思想和自卑的心理，在错误的道路上越滑越远。所以，批评学生时要尊重学生，不要讽刺挖苦，不可横眉怒目，拍案指鼻，以显师者之威，更不要恶语伤人，导致矛盾激化。因此，学生有错，教师在批评时要顾及他的自尊心，批评言语要恰当，不可伤害学生的自尊心。

（6）批评时必须实事求是。有的教师批评学生，把偶然的失误总成是一贯的，把个别学生吵架说成是破坏班级团结。这种小题大做，扣大帽子的批评方式，不能使犯错误的学生心悦诚服，也不会得到多数同学的支持。因此，批评时必须实事求是，有一说一，有二说二，不要任意夸大。

并且，在批评学生时要做到有理有据、事实清楚、责任分明。切不可只凭道听途说，凭人打"小报告"就信以为真，听风就是雨，而去胡乱批评人，结果使师生之情产生裂痕。

（7）批评时不翻旧账。学生有错时，作为教师批评要及时，要有针对性，尽量不涉及旧事。而有些老师为了加强说服力，便把心中积存的有关此学生的问题全部抖落出来，来算总账。这样做只能使学生反感，产生对立情绪。

事实上当学生有了错误，我们当老师的能诚心诚意、恰如其分、就事论事，适当地指出错误所在，通常是容易为学生所接受的，学生也是愿意改正的。只不过良好的道德行为习惯的养成具有反复性、曲折性、长期性，教师不能指望通过一两次谈话就能改掉学生身上的一切错误并不再重犯。从心理机制上说"习惯是经过长期多次强化和积累而建立起来的一种动力定型和自动化了的条件反射系统"。一个人要养成良好的道德行为习惯是很艰难的，反过来一个人要改掉不良的道德行为习惯也是不容易的，只

要有一回经不起诱惑而失去了对道德的追求，重做起来就会变得更加困难。因此教师要有不厌其烦的耐心，批评的态度要真诚，批评的方法要能为对方所接受，否则就达不到预期的效果。

综上所述，批评作为一种教育方法，必须以不挫伤学生的自尊心，使学生易于接受并勇于改正错误为前提，教师既要倾注一腔爱心，又要在实践中把握好分寸。通过不断学习，讲究教育艺术，走出批评的误区，这样我们的工作将更有成效。

第四节　滥用"感恩教育"

有数据显示：当今社会约有 63% 的学生不知道父母的生日，约有 43% 的学生不知道父母的年龄。而父母给子女过生日却高达 93%。这些现象反映了现在学生的感恩之心还是非常缺乏的。因此，感恩教育是学校教育的根本出发点之一，也是每一个教育工作者必须重视的话题和义务。但是感恩教育在实施过程中还是存在一些误区：

（1）滥用感恩教育。有的教师在初一学生刚入学时，就跟学生讲父母多么辛苦，到了初二、高二，开的班会课一样还是"感恩的心"。对学生的主题教育没有计划性，没有考虑到学生的心理特点阶段性。结果就出现了这样一种现象：一开始跟学生讲父母亲恩的时候很多人会流泪，多讲几遍，很多人就麻木了，甚至还会偷笑。

而有的教师对于那些"品行不端、不思进取"的学生，通常采用的一招就是"打亲情牌"，进行感恩教育。比如，学生不好好学习了，就经常对他说"你父母花那么多钱把你送到学校来读书，他们多不容易。你怎么不好好读书来报答父母的养育之恩……"

（2）感恩教育的目标不明确。有些教师在进行感恩教育时只重视感恩知识、感恩经验，忽视学生在感恩教育中的情景体验；重视传播文化知识功能而忽视教化功能；把学校变成了教育的"生产线"，违背了教育的规律，甚至认为做一场感恩教育的活动就实现感恩教育的目的，违背了感恩教育的本意。

（3）感恩教育的内容缺乏科学性。高校的思想政治理论课程中没有设置有感恩教育课程。有的教师在教学中所涉及的感恩教育内容又缺乏现实性，不能贴近学生的实际生活，甚至出现"知其善而不为"、"知其恶而为之"的现象。此外，感恩教育缺乏科学性，忽视人文教育，缺乏终极关怀，没有把社会道德要求转化为个人的道德信念，也就不能使促进学生的德性发展和人格提升。

（4）教育方式陈旧，缺乏针对性。有些学校的感恩教育尚处在探索阶段，因此，教师在教育方式上沿袭了以往的单向传授为

主，方法单一，只是把自己所掌握的相关知识传授给学生，缺乏情感体验、意志考验和行为表现的感恩教育注定是脱离实际的道德说教，只能是纸上谈兵，隔岸观火，缺乏针对性，效果不明显；其次，感恩教育实践活动也往往流于形式，这无疑是感恩教育中的短期行为，没有把感恩教育活动系统化、序列化并纳入学校长远规划，势必使感恩教育缺乏系统性，削弱了感恩教育在实现学校培养目标过程中的实效性。

（5）感恩教育的评价目标不明确，比较笼统、抽象。部分教师往往没有按照时间维度和发展阶段的不同，将学生日常感恩教育实效性评价目标细化，感恩教育的评价方法单一，对感恩教育的评价没有从纵向、横向或交叉的对比中来对效果进行判断。只是单纯地从学生日常感恩表现进行评价，缺乏对评价客体大量信息的收集，缺乏客观性和准确性，不利于后续工作的开展，无法彰显评价的作用。

从上述种种误区我们可以看出，加强学生的感恩教育是教育发展的必然要求，也是培养学生健康心理和健全人格的必然路径，对于建设和谐校园、和谐社会同样也具有独特而不可替代的作用。这不仅直接关系到现阶段中华民族的整体素质，而且关系到我们民族未来的素质以及国家的前途和民族的命运，因此，加强学生的感恩教育已是当务之急，教师们也必须上好感恩教育这一课。那么，教师在感恩教育实施过程中要注意哪些问题呢？

（1）认识感恩教育。首先，感恩教育是一种文化构建，需要时间浸润，需要多方努力。因此，教师不能把感恩教育当成走过场，而应当将它转变成构建和谐校园的精神血液。教师务必提升自身素质，为人师表，方能让学生耳濡目染，以达到"春风化雨、润物无声"的功效。在感恩教育中，老师得先有感恩之心，感恩之行，用人格魅力对学生进行感恩教育。

其次，感恩教育应该是一种"平民化教育"，应该避免"高、大、全"的人物说教。感恩父母、感恩师长朋友、感恩社会、感恩自然……每个人都有感恩的权利，都有感恩的义务。教师在进行感恩教育过程中，若不能摆正感恩的"平民"身份，就易陷入"感恩是大人物的事"的误区，学生也会无法从身边和生活中体验到"感恩"的情绪，也会因此而找到铿锵有力的"不感恩"的托词。因此，教师在进行感恩教育的过程中要讲究方法，要从平常生活中去感化学生。

再者，感恩教育不是单层面的思想灌输，应引导学生寻求最有意义的感恩方式。感恩意识绝不是说声"谢谢"或以物质回报的形式所能涵盖的。学生回报父母、老师、朋友的最佳方式就是学会做人。因此，教师在感恩教育时除了多开展一些超越功利色彩的、温情和谐的活动外，还应根据学校情况，多开展一些人文教育，使学

生对历史、人文、传统美德加深了解。只有这样才能使学生从长远的、大局观的角度认识到感恩意义以及感恩的方式。

（2）点拨学生识恩、知恩。感恩意识的前提是要让学生了解"恩"，体会"恩"。要让学生认识到他们所获得的一切并非是天经地义、理所当然的。大而言之，大自然的赐予、祖国的培养；小而言之，父母的教育、师长的教导、朋友的帮助，点点滴滴都是毫无功利的给予，因此，教师应当挖掘教材蕴涵的感恩思想，利用传统美德教育，把感恩教育融入教材中去，通过情境再现、故事讲述、踏访遗迹、查阅资料、唤醒记忆、换位思考等途径，点拨学生知恩，引导学生去捕捉日常生活中受到的恩惠。

（3）培养学生感恩意识。感恩教育是一种情感活动，实施感恩教育要做到以情感人，陶冶学生的道德情感。教师可通过感恩宣言、感恩演讲、写感恩家书、感恩征文等一系列活动，培养学生树立感恩意识。请看下面一个让人震撼的报道：

深圳歌手丛飞因少年时期接受过别人的帮助，长大成才后，为了回报社会，他先后捐款300余万元资助了170多名山区贫困生，许多孩子借助他的资助而完成了学业，成为社会有用之才。照常理来说，这些被救助的孩子理应感激丛飞。然而，当身患胃癌晚期的丛飞因卧病在床经济拮据，不得已停止资助时，不仅很少收到感恩之言，相反一些曾受资助的学生及家长反而埋怨丛飞不继续资助他们。还有一位大学毕业在深圳工作的被救助者，在被采访问及是否回馈丛飞时，竟然说他月薪只有三四千元，无法报答这病魔缠身，债务累累的善良歌手。

看到这样的报道确实让人震惊，让我们不得不思考一个问题：现在的学生都没有一颗感恩之心吗？

感恩，是中华民族的优良传统，是一个人的基本品德，是人的生存发展需要得到满足以后产生的主动寻求回报的一种心理体验，是人性的高贵品质。因此，作为教师培养学生的感恩意识是非常必要的。

（4）引导学生感恩于行动。实践感恩教育目的就是培养学生的感恩意识，让学生知恩于心、感恩于行，能用实际行动报答父母、回报师长、报效祖国、回馈社会，引导学生在力所能及的范围内去报恩。因此，教师要注重言传身教、潜移默化，用高尚的人格魅力教育影响学生。如开展感恩活动进家庭、进学校、进社区活动。如设计"为父母洗一次脚"、"为老师敬一杯茶"、"为长者让座"、"扮靓自然"等活动，使学生懂得感恩是做人之本，是快乐生活之源，使感恩落实到行动。

（5）以沟通为感恩教育的坚实后盾。父母与子女之间产生代沟，很大程度上是因为两者缺少沟通，这时教师就应该有目的地让学生主动与父母沟通。了解父母的生日，父母的童年，父母的工作情况，父母的爱好等。了解在自己的成长历程中父母所做的

事，体会父母对子女的付出的辛劳与良苦用心。

教师也应该加强与家长的联系，鼓励他们去与孩子沟通，反映学生在校的学习、生活情况，教会家长与孩子沟通的方法，特别是忙于工作，很少与孩子相处的家长们，让他们了解孩子心中所想，在了解事实的基础上进行教育得到事半功倍的效果。现在有不少的留守儿童，缺少父母关爱的孩子应受到更多的关怀，防止这些孩子因不受到关心而成为一个冷漠的人。

在中国传统文化中，感恩思想一直占着主流地位，儒家讲求的"忠、孝、节、义"等思想引发出来的感恩意识，并以此为"人性"的根本，秩序的来源和社会的基础，儒家文化将其最大化渗透于政治、社会、家庭等各个层面，成为传统文化的基本要求。而今感恩意识的缺失，特别是在处理人际关系上，学生普遍缺乏感恩意识。导致这一现象的原因固然有很多，但我们的教育难辞其咎。人们常说："体育不好出'废品'、智育不好出'次品'、德育不好出'危险品'"，这是大家从实践中总结出来的经验，用生活的语言表达出来的。因此，要创建和谐社会，继承中华民族的传统美德，我们就必须对学生进行感恩教育，培养学生感恩意识，使学生常揣感恩之心，常怀感激之情。

第六章　班级管理走入误区

　　长久以来，任何一个班级都是在班主任的布置、指导下进行各项班级事务。班主任对于班级学生而言，既要组织督促学生完成各学科的学习任务，又要做好班级集体常规事务和学校布置的各种临时任务。事无巨细，班主任都躬力亲为，但学生中调皮的仍旧调皮，惹事的依然惹事。班主任只感觉这份工作就是一个字——累。班主任是分身乏术，疲于奔命，以致于形成恶性循环，让班主任陷入了应付学生和事务的泥潭中。因此掌握好班级管理的方法，不仅能省却班主任调解学生矛盾纠纷的烦心和时间，也就能更有序地、有效地组织好学生进行班级事务，自治管理，并会逐渐形成自己对班级管理体系，轻轻松松的当好班主任。

第一节　按学生成绩编排座位

学生座位的编排一直是班主任、科任课老师、家长和学生关注的焦点。它关系到学生的学习情况和班级课堂气氛的好坏，涉及学生与学生、学生与教师、家长与教师、甚至家长与家长之间的诸多关系。

然而一些班主任为了激励学生努力学习，把全班的座位都细细划了片，分"三六九等"，靠近黑板的前两排是"头等区"，其中以第二排最"尊贵"，越往教室后面等级越低，学生坐什么样的座位全凭每次考试的成绩重排。另外，在教室最前排的左右两个几乎与讲台平行的角落，还分别有一套独立的桌椅，是给全班"最差的同学"坐的。显然这种编排座位的方式是不合理的，学习差的基本上聚集在后面，如果上课说话，会直接影响到课堂纪律。另外，学生的考试成绩的高低在很大程度上反映了学生的智能水平，如果把成绩好的同学排在较好的位置，有利于学生的进步。不过，这同样会使学习差的同学感到备受冷落，进而自卑，成绩也会越来越糟糕。

也有的班主任还按学生的身高编排座位，这是比较人性化的传统的方式，这种编排座位的方法，尽管解决了看黑板的视线问题，但难以做到全面兼顾。比如，现在很多同学都患上了近视眼，如按身高为准显然是不合理的。

因此，编排的学生座位是否合理，往往会直接影响学生的学习情绪和学习效果。特别是当今中学生的心理素质和心理承受力有着极大的个性和差异。合理地编排座位还可以起到心理调节的杠杆作用。那么，怎样合理编排学生的座位呢？

（1）前后滚动式编排座位。班主任可把全班同学按身高分成高、低两类，前四行滚动：每个学生每周向后退一位，第四行的学生坐在第一行，同时整列向左或向右滚动调换一次座位，依此类推；后四行滚动：每个学生每周向后退一位，最后一位学生坐在第五行，同时整列向左或向右滚动调换一次座位，依此类推。这样大多数同学都没意见，每一类都是身高相似的同学，不会太影响视线。

（2）先对号入座，后滚动调换。根据学生的身高，但不以学生的身高为唯一标准，由班主任事先安排好座位后，学生按座位表对号入座。基本思路是按学生成绩优劣和课堂纪律的好坏，安排前后左右的座位，学生之间可以互相帮助，共同进步。编排程序上非常复杂，班主任的工作量大，需要用一周左右的时间编排和调整。以后每周向左或向右整排滚动调换一次座位。

（3）化整为零，控制管理。对于一些行为习惯较差，喜欢搞恶作剧的学生既不能设特殊座位来惩罚，也不能将他们安排到教室边

缘冷落地带，更不能把这样的学生集中编排在某一个角落，必须化整为零，把他们安排在教师课堂教学上有效控制能力强的范围内，同时给他们搭配成绩好、行为习惯好、控制能力强的学生。

（4）性格互补的方式编排。学生的性格、习惯等是千差万别的，如果将脾气大、性格急的学生排在同桌，每天的相处中难免产生摩擦，处理不好关系发生争执，就可能影响到全体学生。如果把上课精力不能集中、爱交头接耳、搞小动作的学生排在同桌，上课说话、搞小动作的机会就会增加，既会相互打扰，也会影响到班级的纪律。如果把相互间因为一些事情闹矛盾僵持或耿耿于怀的学生排在同桌，一遇到小事情就可能旧事触发，闹得不可开交，进一步加深矛盾，因两个人的原因就又可能影响到集体的荣誉和整体成绩的提高。因此，"性格互补"应该作为班主任编排座位时考虑的因素之一。

（5）优势互补，结成"学习对子"。10个手指伸出来都有长短，班级中每个学生的素质也是各不相同。因此可以采用优势互补的方式来编排座位。请看下面的案例：

小林、小彦、小志、小雨由于学习基础薄弱，加上比较贪玩，功课方面总是有些不尽如人意。黄老师也多次给他们补课，这几个学生的态度都很被动。

黄老师根据这几个学生的性格特点，把他们与自制力好的班干部编排在了一起，并结成了"学习对子"。小林上课爱走神，不爱写作业，黄老师就让听课认真作业仔细的小红来提醒她；小彦胆小，学习上有畏难情绪，黄老师就让做事风风火火的小刚来帮助他；小志调皮好动，像个猴子似的坐不住，黄老师就让很有正义感的班长小雪来管理他；小雨学习总是拖拖拉拉的，黄老师让直爽干脆利索的小芸来影响她。

这4个"学习对子"每周都要竞赛，每周都要评比打分。优胜者会得到老师发的奖品，这些班干部的工作更有干劲了，他们每天要督促自己"对子"的听课，做作业，有时还要为他们补课。"对子们"刚开始还有些不适应，不太听从指挥，可是看到别人超过自己了，他们又不甘心，便开始专注自己的功课了。

2个月过去了，小林、小彦、小志、小雨的学习都有不同程度地提高，而班干部们通过"教学相长"，学习能力和管理能力也更强了。

（5）特殊情况特殊对待。请看下面的案例：

小彪是老师眼中的"小霸王"，刚开学一周，他就打肿了小瑞的眼睛，一拳把小杰的鼻子打出血来了。全班每个学生都向李老师告状：小彪爱打人、爱抢拿人家的东西、破坏公物、不搞学习等问题。李老师多次找小彪谈话，答应改正却屡屡重犯。小彪很快激起了全班同学的共愤，不少家长也提了意见。

李老师也联系了小彪的家长，家长对小彪的打骂不起一点作用。

开学后的一个月后，李老师要编排座位了，可以却没有一个同学愿意与小彪同桌。李老师决定用特殊方式来对待小彪，于是便在讲台的左侧安排了两个桌子，与小彪成了同桌，每天李老师在小彪旁边办公。

李老师自从和小彪同桌后，就不再有一丁点的老师样子。小彪听课、写作业，李老师从不用言语、眼神来提醒他。下课了，没有哪个同学与小彪玩，李老师就陪他聊天。从那以后，小彪惹的事少了很多。

功夫不负有心人，小彪对李老师的敌对情绪缓解了不少了，开始主动地与李老师交流了。和小彪同桌两周后，李老师发现了小彪有许多优点：他好动，但也爱干活，教室与宿舍的卫生他总是默默参与。他爱闹，但每次放学时，他总记得关教室的门窗。他爱玩，他的体育成绩在班级数一数二。

李老师发现这些优点后，欣喜不已，决定化劣势为优势，让小彪担任班级的安全委员工作。小彪一天天地忙起来，班级的点心餐他去领并主持分发，他做得井井有条；班级的安全隐患由他带学生去查，并且还真的发现了不少问题；运动会上，他既是情报员又是运动员，忙前忙后，还为班级的短跑取得了第二名的好成绩……

时间一天天地过去了，小彪对李老师充满了信任与依赖，而此时有关小彪的投诉越来越少了。学期结束了，小彪被评上了"环保小卫士"。一个月后，好多同学主动与小彪同桌。

案例中我们可以看出，特殊情况应该特殊对待，小彪的进步与李老师这个特殊的同桌有很大关系。

教育家陶行知先生说过："你的教鞭下有瓦特，你的冷眼里有牛顿，你的讥笑中有爱迪生。你别忙着把他们赶跑。你可不要等到坐火轮、点电灯、学微积分，才认识他们是你当年的小学生。"试想，如果李老师对小彪不管不问，可能会毁掉他的一生。因此，把学生的座位进行巧妙地合理地编排，使他们身心更快乐更有成就感，班级的风貌也会焕然一新。

其实，在教育工作中，处处都有学问，调整座位也不失为一件技术性很强的工作，更是一门讲究的艺术。作为教师只要在平常工作中做个有心人，多总结，就会频频获得成功的体验。

第二节　民主管理就是放权给学生

请看下面的案例：

这是某校五年级的一堂班会课，学生正在选举班干部。讲台下，学生喋喋不休，吵得不可开交；讲台上，教师无事可做，正作壁上观，半个小时过去了，有人提议投票，结果一名平时比较讲"哥们义气"的同学当选为班长，因为这个学生常买东西给男

生，又因为这个同学在班上称王称霸大，许多女生都怕他。

现代教育认为学校应该培养出具有自主能力的人，而民主管理是培养学生自主能力最有效的途径。民主管理的班集体就是学生们自主建设的集体，民主管理确立了学生主体地位，有利于发挥学生主体智慧，锻炼学生个人素质。但是，从案例中我们可以看出，一些班主任却忽视了这一点，他们无原则地放权给学生，不注重调控，无形中把民主变成了"自由化"的代名词。除此之外，如果班主任对"民主管理"的内涵把握得不好，还会出现以下误区：

（1）民主随意化。由于民主管理强调尊重和平等，就使得一些班级管理过分注重学生权利，忽略民主的严肃性，而变得随意化，这集中表现在班集体选举和纪律制度的执行上。曾听过有的班主任说："咱们班实行民主选举，选出你们自己信任、喜欢的人当班长。"于是一些班级在选举班干部时，由于学生认识的偏差和个人私利的考虑，而使得选举出来的学生多是"老好人"，甚至出现学生操纵选举的不良现象。

（2）班主任唱"独角戏"。我们常会发现这样一种现象：班主任在课堂上大谈民主、平等，号召班级形成宽容和谐的师生关系。可班主任前脚刚走，说的话还没从教室里散尽，科任老师就大发雷霆，有的还粗暴地侮辱学生，学生不知所措，瞬间教室便鸦雀无声。导致这一现象的主要原因还是因为，不少科任老师认为管理班级全是班主任的事，他们把班级管理的责任全部丢给班主任，而科任老师，不但自己不进行有效的配合，无意之中还起反作用。学生对民主平等怎会不产生怀疑？

（3）忽视学生对老师的尊重。在不少文章上看到有关教师与学生形同朋友的文章，有个教师是这样介绍自己的做法的。他说，在班上，他通过与学生互相起外号，与学生建立了良好的关系，学生看见了他不是叫老师，而是直呼外号，他觉得特别开心。

（4）单向的民主意识。实行班级民主管理的一个重要目标就是逐步形成学生的民主意识。民主意识是一种尊重他人、平等待人、虚心听取和采纳别人正确意见的观念和作风。因此这种民主意识不仅仅是老师对学生的民主，学生对老师的民主，还应该是学生间的相互民主。然而，在具体的管理中却出现了，只有老师对学生的尊重和理解，而没有学生对老师的尊重和理解。

（5）自主管理变"放任"管理。所有采取民主管理的班主任，几乎都抱着培养学生自律意识、参政意识、锻炼学生管理能力等的良好愿望。但在实际的班级管理工作中，对学生放权到什么程度，却不是每一个班主任能处理得当的。这之中，班主任包揽大权，"假民主、真独裁"者固然有之，但更多的还是过多地依赖学生、相信学生，因而导致对学生放任自流，造成不良的班风、学生纪律涣散。

班级能否实现民主管理，民主管理能否达到良好的效果，这与班主任在班级民主管理中的采取的做法有着十分密切的关系。那么我们怎样才能使得班级管理民主呢？

（1）班主任要引导学生形成强大的凝聚力。要真正做好民主管理，班主任首先要引导学生树立起集体意识，树立"我与班级共荣誉"的观念，时时事事处处想到为集体争光，使班集体真正成为团结向上，充满温暖，充满爱意的集体，成为一个有极强凝聚力的集体。

要使班级有较强的凝聚力，班主任对班级学生要关心，要有爱心，要时刻维护学生的自尊心。特别是对一些住校生，由于不能经常回家，暂时脱离了家长的照顾，经常会想家。要让他们感觉到老师真心的爱护，体会到集体大家庭的温暖。从而使得班集体真正成为团结向上，充满温暖，充满爱意的集体，有极强凝聚力的集体。

除此之外，要使班级有凝聚力，一个班级必须具有共同的目标，每学期开学，班主任要结合自己班级的具体情况制定出一个近、中、远期的班级共同目标，同时还要引导每一位同学制定出自己的个人目标，目标制定得好与差，能影响班级的风气，影响班级的凝聚力。还必须有形式多样的班级活动，包括班会活动、教育活动、教学活动、文娱活动等。

（2）重视班主任的主导作用。在民主管理中，班主任切不可为了发挥学生的主体功能而逐渐削弱了班主任的主导作用。民主管理并不仅仅就是事事由学生做主，班主任的长期缺位，其结果必然导致班集体的松散、混乱。

（3）用良好的人格魅力感染班级管理的合作者。人格魅力是无声的教育，一位人格高尚的班主任，可使学生终生受益。人们常说，"学高为师，身正为范""为人师表，以身作则"，有什么样的班主任就有什么样的学生。

班主任应努力做到：①具有良好的师德。师德标志着教师职业的形象，代表着社会对教师的期望和要求，是教师自律的准则。班主任作为文明行为的体现者，应时时以师德规范严格要求自己，自觉规范言行，加强品德修养，做到言行一致、表里如一。②加强学习，不断强化专业素质，提高教育教学能力。③充满爱心，适度宽容。对每一个学生都付与真诚的情感和尊重，关注、期望、信任每一个同学，用爱去滋润他们的心灵。宽容可传达对学生的理解，适度的宽容可激励学生，使他们由他律走向自律。④实事求是。以坦诚和探究的姿态对待教学中暂时无法解决的问题，倾听不同的声音，鼓励学生大胆地用自己的眼光看问题，让他们明白科学面前人人平等、学习未有穷期的道理。⑤身体力行，说到做到。让学生懂得"勿以善小而不为，勿以恶小而为之"的道理。⑥不求全责备。以人为木、张扬个性、理解学生、换位思考，设置民主、宽松的学习氛

围，因材施教，保护学生的好奇心和求知欲，尽可能减轻学生心理负担，让他们轻松愉快地学习。

（5）民主建班、重视督查。一是通过民选成立具有凝聚力的班委会、团支部，班内事务尽可能让他们在班主任的指导下自己去做，如领发书、排座、排队、选班委、组织文体活动、每周总结本班情况等，使他们通过自我总结与反思，提高工作效率。二是了解民意、关注民生。鼓励学生发表对班级管理与建设的意见，强化自我管理，调动学生自我管理的积极性。三是制定班规，严格督查，确保实施，以制理班。在认真听取、深入分析的基础上，采纳好的意见，使班纪班规不断完善。

（7）把有利于学生成绩的提高作为前提。不能否认，几乎一切班级事务，学生都有能力做好，但实行民主管理的班主任，不能把什么事都交给学生来做主。因为学生的主要任务就是学习。在这种情况下，学生有限的精力，必须主要投向学习。实行民主治班，必须把有利于学生成绩的提高作为前提。

总之，学校是培养人才的基地，班级是学生成长的摇篮。一个良好的班级能够激发每一个学生的热情，激励学生不断进取，最大限度提高所有学生的素质，使学生主动健康地成长。要达到这个目标，"民主管理"起着至关重要的作用。实践证明，学生的民主管理工作做得越好，学生的主体意识、主动精神也会发挥得越好，班级建设也会更好。

第三节　科任教师告状，班主任便指责学生

请看下面的案例：

"我简直无法在你那个班上课了，纪律太糟糕了！"上课铃声刚响过几分钟，一名科任老师气冲冲地回到办公室，书往办公桌上一砸，来到班主任面前"诉苦"，办公室的所有的同事都停笔听他讲班上的同学如何"嚣张"，班主任听完气只有迅速奔赴"事故"现场。

"王老师，你班上张亮这周已是第三次没交作业本了，你看怎么处理？"一位班主任正专心致志地备课，一听到政治老师的这句话便怒火顿生，立即扔掉手中的笔，去教室"捉拿"张亮。不一会儿，张亮就被王老师"请到"了办室，在两位老师面前耷拉着脑袋。

这两个镜头在校园里屡见不鲜，它们共同反映了学校里的一种现象——科任教师向班主任告学生的状，借助班主任的力量处置学生。在大谈教育改革、更新教育观念、重塑教师形象的今天，这个话题值得讨论，也应该引起我们教育工作者的重视。在教育教学活动中，班主任究竟应该是怎样的角色，科任教师又应

该有怎样的功能，只有把这些问题搞清楚，才能让教师们各司其职，才能让教育形成最大合力，促进学生的发展。

科任教师与班主任沟通是必要而且是必须的，但如果把沟通仅仅理解为"告状"就大错特错了，那科任教师状告学生的做法究竟有何不妥呢？

（1）用错误的教育观念来支配教师的教育行为。心理学研究表明，人的任何行动都受一定观念的支配。个别科任教师认为，我是某科老师，我只需要教好我这门课程就行了，至于学生行为、习惯等方面的教育，那是班主任的事。持这种观点的老师割裂了"教书"与"育人"的有机联系，当然站不住脚。

（2）容易导致师生关系紧张。科任老师动辄便把学生推向班主任是一种简单粗暴的方法。由于学生对班主任普遍有一种敬畏心理，在犯错误后就可能产生很大的精神压力。一顿"教训"以后，学生反而可能憎恨起科任教师甚至班主任来，不利于和谐、融洽的师生关系的建立。

（3）会让科任教师本人陷于孤立，人际关系恶化。如果科任老师一遇事情就向班主任告状，对本属于自己责权范围内的事撒手不管，必定引起这个合作团体的内部矛盾。当然，有的班主任出于对学生负责，也许会越俎代庖；但有的班主任则不一定认同科任教师的这种做法，认为这是在推卸责任。长此以往，总是告状的科任老师留给班主任和学生的印象就是——他是一个无用的人，凡事都要请班主任亲自出马才能解决。可以想象，一旦老师沦落到这种地步，后果可想而知。

在班级管理过程中，班主任难免会"遭遇"常向自己状告学生的科任教师。如果处理得好，便能"逢凶化吉"；可如果是处理不当，则不仅"殃及"学生，而且恶化同事关系，增加工作和心理负担。面对如此棘手的问题，班主任究竟应该如何处理呢？

（1）维护并协助科任教师树立威信。教学工作的主要场所是课堂，为了使教育教学工作顺利地进行，建立良好的课堂秩序尤为重要。但有时会发生学生"闹堂"现象，影响科任教师正常的教学活动。出现这种现象的原因是多方面的，而科任教师本身的威信不高是一个重要原因。因此，班主任要有意识地维护并协助科任教师树立威信。比如，开学初，班主任应向学生介绍新的科任教师的姓名、简历、教学水平、教学效果、特长爱好等，介绍方式因人而异，对年纪大的老师要从经验上加以侧重，对中年教师要说他们年富力强，而对年轻教师则要说有冲劲，知识更新快，总之要使学生对新的科任教师有良好的第一印象，从而增强学好各个科目的信心。另外，班主任要教育学生客观、公正地评价科任教师。班主任可教育学生学会用"实事求是"和"一分为二"的观点来评价教师。要号召学生学习各科教师的长处，对

科任教师的不足，要提示学生找老师单独交换意见，也可向班主任或学校领导反映，而不应在公开场合评论，指责科任教师。班主任更不能在学生面前指名道姓地说科任教师的不是。如果这样做，既有损科任教师，也有损自己的威信。班主任如果发现科任教师的不足，要本着团结互助，共同搞好教育教学工作的目的，向科任教师及时指出，使科任教师自觉地调整自己的言行。

（2）用发展的观点评价学生。班主任向新的科任教师介绍学生情况时，要用全面的、发展的观点评价学生。如某学生好，好在哪里，还有什么不足；某学生差，差在哪里，他有什么优点。切忌做"某学生成绩太差"之类的评价。这种戴上有色眼镜的介绍，往往会使科任教师形成认识上的定式，失去教育信心，不利于教育教学工作的开展和后进生的转化，为以后的师生冲突埋下了隐患。

（3）妥善地处理科任老师和学生之间的矛盾。一般情况下，学生往往只畏惧班主任，对科任教师的批评教育不易接受，有时还会当面顶撞。遇到这类情况，班主任要细致了解情况，并根据事实作出客观公正的处理。不能听了科任教师汇报后，就不分青红皂白地找当事的学生或在班上公开训斥，那样做问题不仅得不到解决，反而会使学生误认为，一定是科任教师向班主任"告状"，因而产生逆反心理，达不到应有的教育效果。因此，及时妥善地处理科任教师与学生之间的各种矛盾，根除师生之间的对立情绪，有利于建立和谐的师生关系。

（4）促进尊师爱生风气的形成。在尊师爱生风气的形成过程中，班主任应起推波助澜的作用。如有的老师有习惯性的肢体动作，一些学生往往以此取笑老师，给老师起绰号。一旦发现这些苗头，要立即予以制止。因为这些现象的存在，会严重伤害师生的感情，不利于师生关系的协调和良好班风的形成。班主任要教育学生尊重老师的人格，有习惯动作本身就是常见的事，乱给老师起绰号是不礼貌的行为，同时要说明每个学生都有自己的弱点和短处，尊重别人才能使自己受尊重，老师尊重每一位同学，我们如何对待老师呢？同学们明白了这个道理，就会自然地尊重老师。

（5）充分发挥教师集体的作用。在教育教学活动的过程中，教师的协调一致是十分重要的。有的老师对学生要求严格，有的老师对学生要求相对较低，较差的学生对要求较严的科任教师常会产生反感，而较好的学生则对要求较低的老师也会产生不满。班主任要经常和所有科任老师取得联系，对学生的要求宽严适度，尽量一致，保持平衡。此外，在班级开展的各项活动中，班主任可邀请科任教师参加或主持，这样，既可避免班主任在班级工作中唱独角戏。又可弥补班主任精力不足的缺陷。通过这些活动还能使科任老师和学生之间加深了解、增进友谊，焕发起学生对科任教师的尊敬之情。

（6）真诚与科任教师沟通。班主任在发现科任老师有做得不对的地方时，应选取适宜的时间和场合推心置腹地与科任教师沟通，达到委婉规劝又不伤和气的效果。比如，上、下班的路上，外出进修时……都是交流的理想时间，通过交流，达成共识、提高修养。

（7）为科任教师与学生的沟通创造条件。科任教师之所以要向班主任告状，还因为他与学生之间产生了这样那样的矛盾。而矛盾就是源自互相不理解，如果师生之间有了很好的沟通和理解，则可以消除很多误会。然而，科任教师要么是不情愿，要么是没有时间和条件，因此与学生沟通相对较难。在这个问题上，班主任应积极为科任教师与学生的沟通创造条件。如布置命题作文《我的××科老师》、《××老师，我想对你说》，还可选取元旦、中秋、教师节等时间搞师生联谊会等。

（8）做好学生的心理疏导工作。个别学生由于自身家庭环境、成长经历等方面的原因，易形成暴怒、不冷静、孤僻等古怪性格，科任教师不如班主任了解学生，因此可能会出现这些学生和科任老师顶嘴的情况，这就需要班主任从中协调。班主任需要做好这类特殊学生的心理疏导工作，通过陈述科任教师的良苦用心、通过指点学生所犯错误和分析其性格上的不足，使这些学生能理解科任老师。

（9）遇到"告状"要查明来龙去脉。班主任是一个班级的核心，与班级有关的任何事，都应该引起班主任的关注，何况是科任教师告状，更应该细致的调查，弄清楚事情的来龙去脉，客观的处理，积极的沟通，和同事和谐相处，使班级工作欣欣向荣。

总之，在教育教学过程中，作为班主任，一定要比科任教师想得更多、做得更多，而且应该做得更好。妥善处理"学生告状"这类事件，对自己虽是一次挑战，但却是对学生负责的表现，对教育尽职的表现。同时，在沟通和交流中，同事关系更加融洽，与合作者相得益彰，也让自己赢得来自各方面的尊重，也有利于班主任威信的确立。

第四节　不发生事故就是安全无事

学校的安全教育一直是政府和教育部门十分重视的问题。2008年"5.12汶川大地震"又将校园安全教育推上了一个高度。那所坚持进行安全演练的学校在关键时刻拯救了孩子们如花的生命。反观我们现有的校园安全教育，依然误区重重。

（1）宣传到位就是落实到位。每到学期开始，班主任都要大讲特讲安全怎样怎样的重要，忽视安全会有多大的危害。学校要求各班召开安全教育主题班会，在校园张贴安全标语，印发安全知识小

册子等等，让学生切实做到人人讲安全，校园保平安。但是在管理的过程中总是有这样一种错误的思想意识：学生都这么大了，应该有一定的自觉性，对于学校宣传安全的精神应该有所领悟，应该会在学习生活中落实到位的。殊不知说到不一定做到，做到不一定会做得更好。宣传只是一种认识，一种思想行为的引导。认识到位不一定做的到位，引导到位不一定学生全面接受。狠抓落实，加强过程管理才是真正落实到位。近些年来，校园内外发生的安全事件，不也给我们敲响警钟：宣传真正到位了吗？安全真正落实了吗？

（2）安全就是活动场所只限于学校。作为班主任，我们经常听到学生说："老师，什么时候带我们去海边春游？""老师，您带我们去参观家乡的遗址吧！"看着一双双期盼的眼睛，我们通常都会说"为了安全，不去！"。近些年来，由于学校的安全问题被"高度"重视，一般组织学生外出活动要经过上级主管部门的层层批准。个别学校领导从安全和责任的角度考虑，极少同意老师们组织学生外出远足、参观等。所以，一个个美好的愿望只能化为泡影。因为，一个班级，几十个学生的生命安全，小小的班主任怎能独自担当？可班主任又何尝不想让孩子们走出校门，走到大自然中去呢？

为了不出安全事故，学校领导提心吊胆，如履薄冰，甚至开会时要求老师，可以不出成绩，但是绝对不能出问题；成绩高低没问题，出了事故追究你。在这种安全的思想引领下，学校对学生实行了"圈养"：封闭式管理，不准春游，不准野炊，不准游泳，不准大型活动，不准上有可能带来人身伤害的体育课等，不胜枚举。如此种种禁令，的确在一定程度上确保学生在校安全了，然而，学生不能老圈在学校，走出校门怎么办？学生不能老是孩子，长大了怎么办？这些圈养的羔羊，温室里的花朵，一旦走入社会、走进自然该怎么办？

（3）不发生事故就是安全无事。学生在学校平安无事是每一位班主任最大的心愿，也是家长和社会共同的期盼。一旦某一所学校发生了安全事故，产生了不良的社会影响时，有些没出事故的学校领导便标榜自己治理校园是如何如何得力，如何如何有方，我校没发生事故，就是安全抓得好，却不知在看似安全的外衣下校园安全仍然潜藏着这样那样的安全隐患。实际上学生一进校园，学校的一切事情都处在动态发展之中，虽然看似无事，但是学生在日常生活中表现出来的学习焦躁、情绪失常、行为怪异、不良爱好等一系列生理和心理现象无不暗示着动荡不安的因素存在。这些安全隐患像定时炸弹一样时时围绕在我们的周围，它可以诱发成重大的校园安全事故，若不及时发现和处理，并将其消灭在萌芽状态，后果将不堪设想。好多教师都是在学生离家出走了才知道他以前的所作所为，学生跳楼自杀了才知道他为情

所困，动刀打架才知道他与同学之间发生过矛盾。件件实事告诉我们要居安思危，防患未然。

（4）只抓校内安全不管校外安全。抓好校内安全是学校管理工作的一项重要内容，它是学生健康有序安全生活和学习的保障。但是这还是不够的，学生在星期天或节假日时常会走出校外，到社会上去活动。有些学生会去网吧上网，接触到社会上闲杂人员，由于缺乏防备心理，过度的相信他人，被诱骗拐骗者有之；有些学生结伴聚在一起到惊险刺激的地方游玩，得意忘形，忘乎所以，被摔的遍体鳞伤者有之；也有个别学生趁机闹事，以解恩仇，动刀动棒者有之。学生走出校园就意味着各种不安全因素会随之而来，平安无事的回到校园则好，一旦出现安全事故，就会对学校造成不良影响。

如今的学校，安全成了头等大事。层层签订安全责任状：教育主管部门与党委政府签，学校与教育主管部门签，班主任与学校签。安全工作实行责任制和责任追究制。安全工作实行一票否决制。于是，各级领导对安全工作高度重视，挂在嘴上，放在心上，开学讲，放假讲，逢年讲，过节讲，课上讲，课下讲，大会讲，小会讲，逢会必讲。

那么什么才是真正的安全教育呢？

（1）真正的安全教育绝不是为了安全而忽视学生成长的需要。

如今安全教育在一个重中之重的位置，这本身是件好事，这反映了对学生生命的重视，但又走向了另一个极端。为了免受伤害，学校封杀了学生的春游、校外课外活动、剧烈体育运动等等，让学生失去了生活的情趣，更造成了学生的懦弱无能，其结果只能是走向平庸。过犹不及的保护是不明智的，也是不可取的。

（2）真正的安全教育绝不只是规避危险，更需要拥有化险为夷的勇气和智慧。我们在平时的安全教育中，总是停留在空洞的说教上，总是告诉学生什么样的事情不要做，做了有什么样的危险等等，这实际上是消极对待危险的态度，事实上有很多的危险具有不可预料性，有时想躲避也是躲避不了的，我们必须做到正视危险。因此，在平时的安全教育中，我们更需加强遇到危险时应急措施的教育和模拟的安全演习。我们不能因为用电是危险，而让学生不用电。我们需要的是让学生掌握正确用电的方法和遇到危险时如何自救。

（3）真正的安全教育绝不是明哲保身，而置别人的危险而不顾。现如今的安全教育，过分强调了个人的安全，而忽视了关注别人的安全、集体的安全。我们并不强求一定要牺牲个人的安全来成就别人的安全，我们只需在关注自己的同时，把关爱向更广的方向延伸。假如每个人都只关注自我的安全，当遇到危险时，谁又来帮助你摆脱危险呢？

作为班主任不能只喊口号，我们也不能因噎废食，我们更不能为了孩子眼前的所谓"安全"而不顾孩子以后的发展，我们作为教师，虽然只教孩子 6 年或 3 年，但是我们要为孩子 60 年的生活着想。因此，我们有几件事要做：

（1）要改变安全教育的方式。让学生明白，做某事可能会遇到怎样的危险，再教会学生怎样去避免危险的发生。让学生切切实实能掌握并应用保护自身安全的方法。比如交通安全规范，信号灯的指示，认识各种路标；游泳要在老师或家长带领下，到安全水域游泳，带好救生圈；用电方面不用湿手触摸电器等，这些常识，书上有，网上有，老师要做有心人，注意收集整理，把防止交通、触电、溺水、火灾、饮食、活动事故的常识教给学生，让学生远离危险。

（2）要教给学生自救自护的知识技能。天有不测风云，人有旦夕祸福。意外事故随时会发生，面对危险，身处险境，学生怎样逃生，怎样自救自护就显得非常重要。比如发生火灾了怎样安全、快捷逃离火场，实在无路可逃，躲在什么地方，怎样自我保护，怎样请求援助，怎样做会延长施救时间。

（3）条件允许的话可以组织安全演练，模拟发生火灾、地震等现场，训练学生安全逃生。但要注意，安全演练要精心组织，严防安全演练中发生安全事故。

（4）让学生增强责任感。让学生明白，任何人忽略了安全教育都要承担责任，教育者因为你的不小心也要承担责任，这样可以让学生增强责任感，责任感是学生注意安全的有效方法。

5. 12 大地震为我们的校园安全教育敲响了警钟：我们的学生可以不必画手抄报，可以不必答安全教育知识问卷，但是他必须知道，当自己遇到危险的时候他应该怎么做。因此，安全教育不仅是活动教育，知识教育，更是习惯教育。安全教育不仅是校长、后勤主任分内之事，更是每一个班主任的分内之事。

第五节　法制教育方法过于简单

请看下面的两个案例：

案例一：2000 年 1 月的某天，某公安局接到有群众报案，说有几个歹徒正在盗窃某公司新建的办公楼的铝合金窗户，公安局的民警接到报警电话后立即赶往现场，并将两个盗窃者当场抓获。经调查，才知这两个竟然是某学校六年级学生，一个叫王某（男，12 岁），另一个叫李某（男，11 岁）。据王某和李某供认，他们有个 10 人盗窃团伙，其余 8 人都在 15～17 岁之间。之后，民警们先后将另外 8 名成员全部抓获。经审讯，这 10 个学生交待了 1999 年以来先后作案 20 多起，盗窃现金、香烟等总价值达

1 万多元的犯罪事实。

案例二：2002 年，江苏省苏州市某镇发生多起撬盗案件，到了 2003 年下旬，失窃案件多达几十起，财产损失 5 万元，面对如此疯狂的连续作案，警方感到莫名的压力。到了 2003 年元旦，案情终于有所突破，警方将作案的 28 人捉拿归案，查明这伙人自 2002 年 3 月至 12 月间作案 30 多起，盗窃人民币 15 万元。更令警方吃惊的是，作案的这 28 人竟然都是在校的中学生，年龄最小的只有 10 岁。

学校法制教育在实现建立社会主义法治国家的要求中起到了基础性的作用。但是，从上述案件中，我们可以看到当前学校的法制教育仍然存在着各种各样的问题。这不得不引起我们教育者的高度重视和思考。这当中，除了深受外部复杂的社会因素影响外，我们学校法制教育本身也存在不少的误区：

（1）法制教育的方法过于简单。近年来，很多学校都不同程度地开展了法制教育，增设了法制课程，但大多数学校的法制教育往往局限于课堂教学，且教学方法简单，经常是采取灌输的方法进行教学，缺乏直观的教育，缺乏案例教学，使法律课成了纯粹的知识讲授课，学生没有任何积极性可言，从而使法制教育取不到好的效果。

（2）法制教育流于行式。《预防未成年人犯罪法》第 7 条明确规定："教育行政部门、学校应当将预防犯罪的教育作为法制教育的内容纳入学校教育教学计划，结合常见多发的未成年人犯罪，对不同年龄的未成年人进行有针对性的预防犯罪教育。"但在当前的学校教育中，虽然教师们都纷纷认识到了法制教育的重要性，但提高升学率还是家长、社会以至学校自身对教育成果的评判标准。因此，教师为了让学生取得"好成绩"，只重视教科书规定的知识教育，而忽视了思想道德和心理健康教育，导致法制教育没有纳入教学大纲，在课程安排上重视程度不够，法制教育流于形式。

（3）法律知识代替法制教育。法制教育是指教师通过各种教育形式，使学生知法、守法并学会用法律保护自己，培养和提高法律素质，从而自觉的树立起法律权威。而当前很多教师的法制教育实践仅仅停留在"知法"这个层面上，忽视了对学生进行法律情感的陶冶和法律行为习惯的培养。现在不少学生都模仿影视作品中的犯罪方法和手段实施犯罪，他们虽然"知法"却犯法。可见，单纯的传授法律知识，并不能代替法制教育，让学生知法是前提和手段，守法、用法和护法才是法制教育的目的。

教师要培养大批的民主法治人才和守法、护法公民。无论是从落实依法治国方略的高度来讲，还是从培养人才的角度出发，加强法制教育工作，走出法制教育误区是刻不容缓的。

（1）法制教育形式要多样。学生对枯燥的法律条文不感兴趣，为此，教师应该注意从学生的年龄特点出发，通过多种形式

的活动，增强法制教育的趣味性。为使学生对法律知识及依法治校的意义有比较清楚、正确、深刻的理解，学校可以采用公开论辩的形式普及法律知识。可以根据学生存在的不同思想认识，编成若干个论题，然后组织正反双方展开辩论，以便澄清模糊认识，纠正错误观念，使遵章守法在学校生的脑海里深深扎根。比如：可以尝试启发式教学。老师提出问题，引导学生分析各种因素之间的关系，并启发学生运用事实材料、法律规范找出答案；可通过角色扮演、模拟法庭等活动，对案例进行课堂分析和讨论，让学生通过观察、评论、角色转换和辩论等方式，从中学到法律知识。再如，教师可以打破课堂的局限，开辟"第二课堂"，带领学生参观监狱，到法院旁听案件审判，或者播放法制教育电视片、电影和专题广播，参加普法宣传活动等，让学生在生活中亲身感受法律的价值。

（2）"学法"应与"守法"教育相结合。教师对学生进行法制教育，使他们学法、懂法，形成认知基础，这固然是必要的，但"学法"必须与"守法"相结合，法制教育工作才能落到实处，否则只能流于形式。因为，学生的认知水平相对低下，非常容易受外界环境的影响，甚至有可能受到不法分子的诱惑而走入歧途。加上学生权利意识、自我保护能力很差，不懂得用正确合法的方法来保护自己。因此，在法制教育过程中，教师要积极引导学生自觉运用法律武器来保护自己。例如，有的教师通过学习《治安管理处罚条例》、《刑法》，灌输基本法律规范，让学生初步认识和区分什么是违法行为，什么是合法行为，哪些行为是法律、法规禁止的，哪些行为又是法律、法规准许乃至鼓励的，帮助学生守法观念和法律信仰的初步形成，效果就很好。教师在教学时不但要灌输理论知识，而且应从身边人、身边事上着手分析，针对学生的年龄和特点从日常生活中提炼一些典型的案例，对学生进生法律教育，让他们学会明辨是非，并有的放失地预防和减少学校生违法、犯罪。教育学生如何应对处理别人的违法、犯罪行为，避免和减轻不必要的伤害，怎样更好地保护自己和他人的合法权益，达到一般预防和维护学校生权利的双重目的。

（3）加强学生法律素质养成教育。素质教育的根本目的，就是全面培养和发展所有学校生的各种素质。加强法律素质方面的理论研究，明确法律素质在个体综合素质中的地位和作用，揭示法律素质的基本内含、层次和养成规律，对完善素质教育理论具有重要意义。

学生正处于基础知识的学习过程，人生观、世界观正在初步形成，因此，对学生的法律素质的教育要以引导为主，注重法律观念的形成，法律情感的培养，科学权利意识的确立，不能急功近利，操之过急。培养学生法律素质要注意与学校的日常教育、管理工作相结合，要在潜移默化中对学生进行法律熏陶。学生还

没有形成更强的抽象思维能力，因此在培养其法律素质的活动中要抓住典型事例进行宣传，要使学生更形象、更具体地感受的法律的作用、法律对自身权益的重要保障。教师在培养学生法律素质的活动中还要注重学校教育与校外教育的有机结合，要注重教师和学生家长之间的沟通、交流与配合。

教师应特别对那些曾经有过痛苦经历的或因家庭不幸而存有心理障碍的学校生给予更多更好的关心和爱护，尤其是对有不良行为的学生应当加强教育和管理，不得歧视，使他们能够在良好的文化环境中健康地成长，使他们对不良文化现象的抵御能力和免疫力不断加强，从而减少社会犯罪，促进社会安定。

总之，教师对学生进行法制教育应该是一项长期化、制度化、科学化的工程，不可能一蹴而就，只有在平时教育中加以重视，并从大处着眼，小处着手，深化、细化道德法制教育。才能为学生的健康成长构筑起一片纯净的法制天空！